Computertechnik für Arbeitnehmervertreter, Band 4
Arbeitszeiterfassungs- und -verarbeitungssysteme (AZEV)

Computertechnik für Arbeitnehmervertreter

Band 4
Herausgegeben von der Technologieberatungsstelle beim DGB-Landesbezirk
Nordrhein-Westfalen e.V. (TBS)

Redaktion:	Gottfried Richenhagen
Autoren:	Kai Beutler, Klaus-Dieter Heß
Weitere Mitarbeit:	Sabine Beutert, Gaby Dietsch, Christel Freyer
Grafik:	Ditmar Helms, Roland Henß-Dewald, Susanne Jahn
Anschrift:	Technologieberatungsstelle beim DGB-Landesbezirk NRW Lothringer Straße 62 4200 Oberhausen 1 Tel.: 0208/25046 Fax : 0208/20630 Ab 1. Juli neue Postleitzahl: 46016

Wir danken Marlies Bokermann und Erika Nixdorf für ihre Geduld beim Schreiben der Texte.

Kai Beutler, Klaus-Dieter Heß

Arbeitszeiterfassungs- und -verarbeitungssysteme (AZEV)

Ein Referentenleitfaden

Bund-Verlag

CIP-Titelaufnahme der Deutschen Bibliothek

Beutler, Kai:
Arbeitszeiterfassungs- und -verarbeitungssysteme (AZEV) :
ein Referentenleitfaden /
Kai Beutler ; Klaus-Dieter Hess. –
Köln : Bund-Verl., 1993
(Computertechnik für Arbeitnehmervertreter ; Bd. 4)
ISBN 3-7663-2272-9
NE: Hess, Klaus-Dieter:
Bd. 4. Beutler, Kai: Arbeitszeiterfassungs- und
-verarbeitungssysteme (AZEV). – 1993

© 1993 by Bund-Verlag GmbH
Lektorat: Gunther Heyder
Herstellung: Norbert Neunaß
Grafik Design: Ditmar Helms, Roland Henß-Dewald, Susanne Jahn
Satz: Typobauer Filmsatz GmbH, Ostfildern 3
Druck: Wagner, Nördlingen
Printed in Germany 1993
ISBN 3-7663-2272-9

Alle Rechte vorbehalten,
insbesondere die des öffentlichen Vortrags,
der Rundfunksendung und der Fernsehausstrahlung,
der fotomechanischen Wiedergabe,
auch einzelner Teile.

Inhalt

Vorwort 7

Einführung 9

Lehreinheit 1
Betriebliche Rahmenbedingungen des Einsatzes von AZEV-Systemen 1–1

Lehreinheit 2
Aufbau und Funktionsweise von AZEV-Systemen 2–1

Lehreinheit 3
Nutzungsmöglichkeiten für die Geschäftsleitung
und Risiken für die Beschäftigten 3–1

Lehreinheit 4
ArbeitnehmerInnenorientierte Forderungen 4–1

Lehreinheit 5
Handlungsmöglichkeiten für Betriebsräte 5–1

Lehreinheit 6
Regelungsbereiche einer Betriebsvereinbarung 6–1

Kommentierte Literatur- und Videoliste
(einschließlich TeilnehmerInnenmaterial) 7–1

DGB-Positionen zur flexiblen Arbeitszeit 8–1

Stichwortverzeichnis 9–1

Vorwort

Für die Gestaltung von Arbeit und Technik sind die Entwicklung und Schaffung einer entsprechenden Gestaltungsfähigkeit und Gestaltungsbereitschaft auf seiten der Beschäftigten und ihrer Interessenvertretung erforderlich. Dazu gehören auch eine realistische und differenzierte Einschätzung der Chancen und Risiken neuer Technologien, die Erarbeitung umsetzungsfähiger Gestaltungskonzepte sowie die Entwicklung darauf abgestimmter Handlungsschritte.

Die Entwicklung von Gestaltungsfähigkeit und Gestaltungsbereitschaft ist Gegenstand der Bildungsarbeit der Technologieberatungsstelle beim DGB-Landesbezirk NRW (TBS). Das Bildungsangebot der TBS ist inhaltlich breit angelegt und wendet sich vorrangig an die betriebliche und gewerkschaftliche Interessenvertretung. Es umfaßt nahezu alle EDV-Anwendungsbereiche.

Die verwendeten Lehrgangskonzepte werden in mehrjähriger Bildungsarbeit überprüft, weiterentwickelt und dann in Form von Referentenleitfäden in der vorliegenden Reihe »Computertechnik für Arbeitnehmervertreter« veröffentlicht. Die Leitfäden geben dem Referenten und der Referentin neben fachlichen Informationen auch didaktisch-methodische Hinweise und stellen zahlreiche Arbeitsmaterialien bereit. Richtungweisend ist dabei auch die Einbeziehung von Demonstrationsrechnern in den Lehrgangsablauf.

Die TBS leistet durch dieses Lehrgangskonzept einen entscheidenden Beitrag zur Qualifizierung betrieblicher und gewerkschaftlicher Interessenvertreter, die für die zukunftsorientierte und sozialverträgliche Technikgestaltung in NRW unverzichtbar ist.

Dieter Mahlberg
Vorsitzender der TBS
beim DGB-Landesbezirk NRW e.V.

Einführung

I. Zur Konzeption dieser Reihe

Das Curriculum »**Computertechnik für Arbeitnehmervertreter**« folgt dem Konzept einer **politisch orientierten Fachbildung**, indem es von der Erfahrung ausgeht, daß für die arbeitnehmerInnenorientierte Gestaltung von EDV-Systemen im Betrieb technisches, arbeitsorganisatorisches und betriebsverfassungsrechtliches Fachwissen unabdingbar ist.

Es kann und will das traditionelle Angebot gewerkschaftlicher und gewerkschaftsnaher Bildungsarbeit nicht ersetzen, sondern versteht sich als seine Fortführung und Ergänzung.

Der Umfang des notwendigen Fachwissens wird nicht von fachdisziplinären Überlegungen bestimmt, sondern nach den Kriterien der Praxis- und Handlungsorientierung der betrieblichen und gewerkschaftlichen Interessenvertretung. Durch den Bezug auf die Interessen der ArbeitnehmerInnen und ihrer Vertretung wird die Fachbildung zu einer politischen Fachbildung.

Praxisorientierung bedeutet, daß Inhalte ausgewählt wurden, die für die betriebliche Situation der Einführung und des Ausbaus von EDV-Systemen von zentraler Bedeutung sind, d.h. die zum Verständnis und zur Analyse dieser Situation benötigt werden. Denn Voraussetzung für eine qualifizierte Interessenvertretung ist ein adäquates Verständnis dieser Wirklichkeit; nur wer die (zum Teil auch vorgetäuschte) Sachlogik und die hinter der Einführung von EDV-Systemen stehenden Interessen zu erkennen in der Lage ist, kann darauf kritisch und konstruktiv reagieren.

Ein Lehrgang für InteressenvertreterInnen darf jedoch nicht bei der Analyse der betrieblichen Wirklichkeit stehenbleiben, sondern er muß arbeitnehmerInnenorientierte Gestaltungsalternativen aufzeigen und zum praktischen **Handlungswissen** weiterentwickeln. Wo direkte praktische Empfehlungen nicht möglich sind, sollte er mit den TeilnehmerInnen Orientierungspunkte für Handlungsentscheidungen erarbeiten.

Als übergeordnete **Groblernziele** liegen dem Curriculum folgende Kenntnisse, Fertigkeiten und Fähigkeiten zugrunde:

1. die Fähigkeit zum frühzeitigen Erkennen geplanter Rationalisierungsmaßnahmen;
2. die Fähigkeit zum selbständigen Abschätzen und Beurteilen insbesondere der betrieblichen Auswirkungen von EDV-Anwendungen;
3. die Kenntnis und Fähigkeit zur selbständigen Anwendung arbeitnehmerInnenorientierter Kriterien für die Auswahl und Gestaltung von Hard- und Software sowie für die Gestaltung der Arbeitsorganisation;
4. das Wissen um rechtliche und gewerkschaftliche Handlungsmöglichkeiten sowie um praktische Vorgehensweisen zur Wahrnehmung dieser Möglichkeiten;
5. die Fähigkeit zur Entwicklung und Vertretung überbetrieblicher politischer Forderungen, die sich aus der Notwendigkeit sozialverträglicher Technikgestaltung ergeben;

6. die Fähigkeit, eigene diffuse Computerängste und -euphorien zu differenzieren, zu bewerten und in Handlungsbereitschaft umzusetzen;
7. aktualisierte und sachspezifisch ausgeprägte allgemeine Kompetenzen der Informationsbeschaffung und -bewertung sowie Handlungs-, Vermittlungs-, Analyse- und Formulierungskompetenzen.

Das Bildungsangebot der TBS wendet sich vorrangig an betriebliche und gewerkschaftliche InteressenvertreterInnen und umfaßt nahezu alle EDV-Anwendungsbereiche, Branchen und beruflichen Tätigkeiten. Durch den modularen Aufbau lassen sich unterschiedliche Voraussetzungen und Bedürfnisse der TeilnehmerInnen relativ einfach berücksichtigen. Das Seminarangebot eröffnet die Möglichkeit zu einem systematischen, permanenten und umfassenden Qualifizierungsprozeß für Betriebsräte. Dadurch soll dem langfristigen Prozeßcharakter der EDV-Einführung, der zunehmenden Vernetzung und Integration sowie der Einbeziehung der gesamten Betriebsorganisation in die EDV-Rationalisierung Rechnung getragen werden. Das Curriculum sieht u. a. folgende Seminartypen vor:

— **Grundseminare** vermitteln Basiswissen, das für die Gestaltung neuer Technologien im Betrieb unabdingbar ist. Dieses Wissen umfaßt technische, arbeitsorganisatorische und rechtliche Elemente und stellt die Frage, wie Gestaltungsalternativen umgesetzt werden können (vgl. Band 1 dieser Reihe: »Grundwissen zur Technikgestaltung«).

— **Aufbauseminare** vertiefen die Kenntnisse in bestimmten Anwendungsbereichen und geben den TeilnehmerInnen die Möglichkeit, das vermittelte Wissen durch die Analyse von EDV-Unterlagen oder von systemischen Rationalisierungsansätzen praktisch zu erproben oder zu vertiefen (vgl. Band 2 dieser Reihe: »Personaldatenverarbeitung und Arbeitnehmerrechte« und Band 3: »Integration und Vernetzung«).

— **Beratungsseminare** begleiten Betriebs- und Personalräte bei der betrieblichen Regelung relativ umgrenzter und überschaubarer Anwendungssysteme (wie z.B. AZEV). Sie sind als Maßnahmen der »Ersten Hilfe« aufzufassen, die nur bei dieser Art von Anwendungssystemen sinnvoll sein können. Beratungsseminare sollen zwar die Beratung im Einzelfall durch gewerkschaftliche Sachverständige nicht ersetzen, aber doch eine weitgehend selbständige Bearbeitung durch die Interessenvertretung ermöglichen.

Für das vorliegende Beratungsseminar »Arbeitszeiterfassungs- und -verarbeitungssysteme« wird davon ausgegangen, daß in den Betrieben der SeminarteilnehmerInnen

— die Einführung und Änderung eines AZEV-Systems in Aussicht gestellt, angekündigt oder schon geplant sind,
— noch keine Vereinbarung über Einführung und Einsatz eines AZEV-Systems zustande gekommen ist bzw.
— die Einhaltung einer bestehenden Betriebsvereinbarung überprüft werden soll und unter Umständen neugewählte Betriebsratsmitglieder dazu vorgesehen sind oder
— die Einführung oder Änderung des angekündigten AZEV-Systems noch nicht abgeschlossen und das System daher noch gestaltbar ist.

Unter diesen Voraussetzungen kommt ein Seminarbesuch des Betriebsrates gemäß § 37 Abs. 6 BetrVG in Frage.

Das Beratungsseminar baut auf betriebsverfassungsrechtlichen und anderen Kenntnissen aus den Grundlehrgängen der Gewerkschaften auf.

Der vorherige Besuch einschlägiger Grundseminare zur Technikgestaltung, wie des einwöchigen Lehrganges »Computergrundwissen für Arbeitnehmervertreter« (vgl. Band 1), wird nicht vorausgesetzt; er ist aber (ggf. auch im Anschluß) dringend empfehlenswert, denn im vorliegenden Lehrgang werden nur unmittelbar zum Verständnis von AZEV-Systemen erforderliche EDV-Kenntnisse vermittelt. Umfassendere Kenntnisse, wie beispielsweise die in der Lehreinheit 2 des Grundseminars vermittelten, sind jedoch bei einer systematischen Betriebsratsarbeit unabdingbar.

Mit der Herausgabe dieses Bandes führt die TBS gleichzeitig die Arbeit fort, die das Projekt »Computertechnik für Arbeitnehmervertreter« in den Jahren 1986 bis 1988 im Rahmen des nordrhein-westfälischen Programms **»Mensch und Technik – Sozialverträgliche Technikgestaltung«** begonnen hatte und die zur Herausgabe der ersten drei Bände dieser Reihe im Jahre 1990 führte. Weitere Bände werden folgen. Das vorgelegte Curriculum wird ständig aktualisiert. Zu diesem Zweck erscheint zeitgleich mit diesem ein erster Ergänzungsband zu den bereits vorliegenden Bänden 1 und 2.

II. Lerninhalte des Beratungsseminars AZEV

Immer häufiger bedienen sich die Betriebe in der Bundesrepublik der Möglichkeit computergestützter Arbeitszeiterfassungs- und -verarbeitungssysteme (AZEV). Durch sinkende Preise der erforderlichen Hard- und Software sowie durch immer mehr »branchenspezifische« Lösungen wurden solche Systeme inzwischen auch für kleinere und mittlere Unternehmen zu einer bezahlbaren Rationalisierungsmaßnahme. Sie sind inzwischen als Standardprodukt zahlreicher Anbieterfirmen auf dem Markt erhältlich.

Neben der Abrechnung der Arbeitszeiten entsprechend den geltenden Arbeitszeitregelungen und der Kontrolle ihrer Einhaltung ermöglicht die Technik wesentlich weitergehende Einsatzwecke: Dazu zählen die Regulierung der Zugangsberechtigung innerhalb des Betriebes, die Differenzierung von Arbeitszeitregelungen für einzelne Beschäftigte bzw. Beschäftigtengruppen sowie die »Optimierung« des Personaleinsatzes. AZEV-Systeme werden oftmals mit anderen Computeranwendungen wie beispielsweise Personalinformationssystemen (PIS), Betriebsdatenerfassungssystemen (BDE) und Zugangskontrollsystemen vernetzt oder integriert.

Neben möglichen Vorteilen des Technikeinsatzes insbesondere für die Geschäftsleitungen, beispielsweise durch schnellere, exaktere und aufwandsärmere Abrechnung der Arbeitszeiten, entsteht für die betroffenen Beschäftigten eine Reihe von Risiken. Zu den Aufgaben der Belegschaftsvertretungen zählt es, diese Risiken zu erkennen und geeignete Maßnahmen und Vereinbarungen zu deren Vermeidung vorzuschlagen. Weitergehend sollten sie auch Vorschläge zum Vorteil der betroffenen

Beschäftigten in die Diskussion einbringen, beispielsweise eine verbesserte Information über die eigenen Arbeitszeiten.

Ziel dieses AZEV-Beratungsseminares ist es, den BelegschaftsvertreterInnen die erforderlichen Grundkenntnisse für eine qualifizierte und konstruktive Beteiligung zu vermitteln. Das sind insbesondere die folgenden

Grundkenntnisse und Einschätzungen:

a) Computergestützte AZEV-Systeme ersetzen nicht nur die bisherigen Systeme der Zeitaufschreibungen; AZEV-Systeme stellen eine neue Qualität der Zeiterfassung dar.

b) AZEV-Systeme können Instrumente zur Verfolgung weitergehender Zielsetzungen der Geschäftsleitung sein, wie z.B.
   – Rationalisierung der Verwaltung von Arbeitszeiten,
   – Kontrolle von Leistung und Verhalten,
   – rationelle Personalplanung, insbesondere Personaleinsatzplanung,
   – Durchsetzung von Zugangsbeschränkungen.

c) AZEV-Systeme sind technisch gesehen spezielle Computersysteme, die aus
   – einer Zentraleinheit mit Betriebssystem,
   – einer oder mehreren Datensichtstation(en) einschließlich Ausgabegerät,
   – Codekarten-Lesegeräten und
   – der AZEV-Software bestehen.

d) AZEV-Systeme sind mit anderen EDV-Anwendungen **vernetz- oder integrierbar**, insbesondere mit Zugangskontrollsystemen, Lohn- und Gehaltsabrechnungssystemen (auch PIS und BDE-Systemen).

e) Die Ziele der Beschäftigten bzw. der Interessenvertretungen lassen sich nach fünf Gruppen gliedern:
   – Dokumentation und Nachvollziehbarkeit der Abrechnung für die Betroffenen,
   – Einschränkung der computergestützten Kontrollmöglichkeiten von Leistung und Verhalten,
   – Zeithoheit der Beschäftigten,
   – Nachvollziehbarkeit für den Betriebsrat,
   – Datenschutzmaßnahmen gegen Mißbrauch der Personaldaten.

f) Neben den allgemeinen Informations- und Beratungsrechten des Betriebsverfassungsgesetzes hat der Betriebsrat im Falle der Einführung und Anwendung eines computergestützten AZEV-Systems ein erzwingbares **Mitbestimmungsrecht nach § 87 Abs. 1 Nr. 6**. Die Chancen, bei Verstoß gegen dieses Mitbestimmungsrecht eine einstweilige Verfügung durchzusetzen, sind relativ gut; es ist jedoch in jedem Fall vorher mit einem Rechtsanwalt oder einer Rechtsschutzsekretärin Kontakt aufzunehmen.

g) Eine **Betriebsvereinbarung** sollte **vor** Einführung bzw. **Änderung** des AZEV-Systems abgeschlossen werden.

Einführung

Sie sollte enthalten:
- Regelungen zur Festschreibung des vereinbarten Systems und des Änderungsverfahrens sowie
- organisatorische Regelungen zur Zeiterfassung und -verarbeitung.

Mit diesen Inhalten verfolgt das Beratungsseminar AZEV die wie folgt angegebenen Richt- oder Groblernziele:
- Die SeminarteilnehmerInnen sollen erkennen, daß die AZEV-Einführung im Betrieb nach Interessen gestaltet wird. Sie sollen motiviert werden, sich am Einführungsprozeß zu beteiligen und die Einführung oder Änderung des AZEV-Systems im Interesse der Belegschaft zu beeinflussen.
- Sie sollen die für sie wichtigen Unterlagen und Fragestellungen auswählen können. Nach Beendigung des Seminars sollen sie in der Lage sein, diese Informationen beim Arbeitgeber zu beschaffen, ihre Vollständigkeit zu überprüfen und sie gezielt auszuwerten.
- Die SeminarteilnehmerInnen sollen die Erforderlichkeit einzelner Daten und Auswertungen für einen vorgegebenen Anwendungszweck des AZEV-Systems beurteilen können.
- Die SeminarteilnehmerInnen sollen befähigt werden, die in ihrer betrieblichen Situation in Frage kommenden Risiken zu analysieren.
- Sie sollen in die Lage versetzt werden, in ihrer betrieblichen Situation arbeitnehmerInnenorientierte Ziele für die AZEV-Einführung zu formulieren und zu gewichten.

Neben den spezifischen Qualifikationen zur Beteiligung am AZEV-Projekt wird die Stärkung bzw. Vermittlung von übergreifenden Fach- und Schlüsselqualifikationen angestrebt:
- systematische Arbeitsplanung bei einem EDV-Projekt, wie z.B. selbständige Erstellung eines Betriebsrats-Arbeitsplanes;
- Koordinierung innerhalb des Betriebsratsgremiums, beispielsweise arbeitsteilige Vorgehensweise und Delegation;
- Erschließung anderer Informationsquellen, wie z.B. qualifiziertes Rechenzentrumspersonal;
- Umsetzung allgemeiner ArbeitnehmerInneninteressen in konkrete Vorschläge sowie
- zielgerichtete Anwendung allgemeiner EDV-Kenntnisse und Kenntnisse von Rechten und sonstigen Maßnahmen zur selbstbewußten Durchsetzung von ArbeitnehmerInneninteressen bei EDV-Projekten.

III. Hinweise zum zeitlichen Seminarablauf

Das Beratungsseminar ist für einen Zeitrahmen von 14 bis 21 Unterrichtseinheiten (UE) à 50 Minuten ausgelegt. Geht man von zwei Wochentagen mit jeweils 7 Unterrichtseinheiten aus, könnten die 6 Lehreinheiten des Seminars wie folgt aufgeteilt werden:

	vormittags	nachmittags	UE
1. Tag	LE 1 + LE 2, Teil 1	LE 2, Teil 2 + LE 3	7
2. Tag	LE 4 + 5, Teil 1	LE 5, Teil 2 + LE 6	7

Hierbei sind die ungefähren Zeitangaben zugrunde gelegt, die in den didaktischen Hinweisen und Kurzzugängen der einzelnen Lehreinheiten aufgeführt wurden. Liegt zwischen dem 1. und 2. Tag ein längerer zeitlicher Abstand, so müssen zusätzlich ca. 20 Min. für die Dokumentation der Ergebnisse des 1. Tages eingeplant werden.

Für die Beschränkung auf zwei Tage Dauer sind folgende Rahmenbedingungen Voraussetzung:

– Der/die ReferentIn setzt teilnehmerInnenspezifische Schwerpunkte.
– Das Thema Vernetzung (vgl. LE 2) wird nur oberflächlich behandelt.
– Neben verschiedenen kürzeren TeilnehmerInnen- und PartnerInnenübungen kann nur **eine** größere Gruppenübung durchgeführt werden.

Die Fülle der beschriebenen Lerninhalte erlaubt aber auch ein dreitägiges Seminar sowie bei Behandlung der EDV-Grundkenntnisse gemäß LE 2 des Grundlehrgangs (Band 1) auch vier Tage. Zur Nutzung der zusätzlichen Zeit bieten sich mehrere Möglichkeiten:

– Für den Erfahrungsaustausch zwischen den TeilnehmerInnen wird mehr Zeit reserviert.
– Das Thema Verknüpfung mit anderen EDV-Anwendungen (LE 2) kann auf fast 4 Unterrichtseinheiten ausgeweitet werden; hier ist ebenfalls eine Gruppenübung vorbereitet.
– Erfahrungsgemäß werden die Handlungsmöglichkeiten des Betriebsrates (LE 4 bis 6) immer unter erheblichem Zeitdruck behandelt. Bei einer zeitlichen Ausweitung können alle Gruppenübungen dieses Blockes hintereinander anstatt parallel durchgeführt werden. Außerdem bleibt mehr Zeit zur Vertiefung der Regelungsbereiche einer Betriebsvereinbarung.

Unter diesen Voraussetzungen ergibt sich folgende Aufteilung der Lehreinheiten auf drei Wochentage:

	vormittags	nachmittags	UE
1. Tag	LE 1 + LE 2, Teil 1	LE 2, Teil 2	6–7
2. Tag	LE 3	LE 4	6–7
3. Tag	LE 5	LE 6	6

Bei Einhaltung der oben erwähnten Voraussetzungen ist das Beratungsseminar jedoch auch in zwei Tagen durchführbar, wie mehrere Erprobungen ergeben haben. Dabei bilden jeweils der erste Tag mit den Lehreinheiten 1 bis 3 und der zweite Tag mit den Lehreinheiten 4 bis 6 geschlossene Einheiten mit eigenen Zielsetzungen.

Das übergeordnete Lernziel des **ersten Tages** sieht vor, den TeilnehmerInnen zu verdeutlichen, welche Informationen über das AZEV-System und dessen geplanten Einsatz sie aus welchem Grunde benötigen, und wie sie diese erhalten und verwerten können. Da in dieser Phase notwendigerweise referentInnenzentrierte Formen dominieren, ist eine »Belebung« durch TeilnehmerInnen-Aktivitäten (z.B. Erfahrungsaustausch, offene Diskussion, PartnerInnenübung, gemeinsame Entwicklung von Tafelbildern oder Metaplanwänden) am ersten Tag besonders wichtig. Methodisch ist vorgesehen, daß während der Lehreinheiten 1 bis 3 die notwendigen Unterlagen und der Fragebedarf des Betriebsrates beispielsweise auf einer Pinnwand oder einem Flipchart-Bogen gesammelt werden. Wegen der weitgehenden Verallgemeinerbarkeit von Funktionsweise, Anwendungsmöglichkeiten und Risiken der verschiedenen AZEV-Systeme empfiehlt es sich, die einzelnen Lehreinheiten des ersten Tages anhand eines ausgewählten AZEV-Systems abzuhandeln (vgl. hierzu auch Einführungskapitel IV.). Auf dieses System können sich auch die vorgeschlagenen Gruppenübungen des zweiten Tages beziehen.

Der **zweite Tag** behandelt die Beeinflussungs-, Eingriffs- und Durchsetzungsmöglichkeiten für Betriebsräte. Hier geht es neben der Vermittlung von Kenntnissen im wesentlichen auch um die Stärkung der Handlungsbereitschaft, die ein »Einfühlungsvermögen« in die Durchsetzungschancen voraussetzt. Statt des referentInnenorientierten Vortrages stehen hier der Erfahrungsaustausch und die kontroverse Diskussion unter den SeminarteilnehmerInnen im Mittelpunkt. Ein tieferes Verständnis für arbeitnehmerInnenorientierte Positionen und eine grundlegende Argumentation gegen abwiegelnde Positionen werden die Betriebsräte nicht erst bei Verhandlungen mit der Geschäftsleitung benötigen, sondern bereits in der Diskussion im Betriebsrat und mit Beschäftigten des Betriebes, beispielsweise auch in den zuständigen Personalabteilungen, EDV-Abteilungen usw.

Unter Umständen können die beiden Seminartage auch im zeitlichen Abstand von etwa drei Wochen durchgeführt werden, um den SeminarteilnehmerInnen Gelegenheit zu geben, das am ersten Tag erworbene Wissen in ihren Betrieben direkt durch Anforderung entsprechender Informationsunterlagen umzusetzen. In diesem Falle sollte zum Abschluß des ersten Tages der gesammelte Informationsbedarf gemeinsam ergänzt, strukturiert und zusammenfassend diskutiert werden.

Es hat sich als förderlich herausgestellt, die TeilnehmerInnen ca. 14 Tage vor Seminarbeginn auf die Erreichung der Lernziele vorzubereiten, indem ihnen ein Anschreiben zur Erläuterung der Grobziele des Seminars (**Arbeitsblatt 4101**) sowie eine Kopie des Rasters der Vorstellungsrunde (vgl. **Folie 4101**) zugeschickt wird.

IV. Einsatz von Demonstrationssoftware

Falls die technischen Voraussetzungen und die entsprechende Vorbereitungszeit gegeben sind, wird die Installation eines AZEV-Echt-Systems mit folgenden Eigenschaften empfohlen:

1. Die Handeingabe und Nachverrechnung handeingegebener Arbeitszeitbuchungen ist möglich. Dadurch wird nämlich die Anschaffung eines Erfassungsgerätes mit Codekarten entbehrlich.

2. Die Ablauffähigkeit auf vorhandenen Rechnern – in der Regel MS-DOS PCs – muß gewährleistet sein.
3. Ein »manueller« Tagesabschluß sollte möglich und demonstrierbar sein.
4. Ein möglichst umfassendes Zugriffschutzsystem ist vorhanden.
5. Der vorhandene Protokollierungsbaustein dokumentiert alle geänderten Auswertungen und Feldlisten bzw. alle aufgerufenen Auswertungen.
6. Eine freie Auswertungssprache (Query) sollte vorhanden sein.
7. Verknüpfungsmodule für BDE und ein Zugangskontroll-System sind hilfreich.
8. Die individuelle Gestaltung von Stammdatensatz, Anwesenheitszeitarten und Fehlzeitgründen ist möglich.

Es ist vorgesehen, auf das ausgewählte System in den Lehreinheiten 2, 3, 4 und 6 exemplarisch einzugehen. Dieses gilt auch für die Gruppenübungen. Entsprechende Marktübersichten über einsetzbare Systeme befinden sich in den Literaturhinweisen. Sollte kein Echt-System zur Verfügung stehen, kann eine Kombination aus Handbuch und den Musterausdrucken, die diesem Band beigefügt sind, herangezogen werden. Teilweise lassen sich auch vorhandene Demo-Programme zur Personaldatenverarbeitung allgemein verwenden (vgl. die zu dieser Reihe lieferbare TBS-Diskette), indem Modelldatensätze mit Zeitdaten vorbereitet werden.

V. Erforderliche Hilfsmittel zur Durchführung des Seminars

Zur Durchführung des Seminars in der beschriebenen Form sollte der/die ReferentIn die folgenden didaktischen Hilfsmittel bereithalten:

– Overheadprojektor mit Leinwand,
– Flipchart mit Kreppklebeband zum Aufhängen der fertigen Papierbögen,
– eine Tafel mit Stiften oder Kreide und
– möglichst drei Metaplan-Stecktafeln (beidseitig verwendbar) mit Papier, Karte, Klebestiften und Nadeln.

Die Metaplan-Stecktafeln dienen nur der Visualisierung; Metaplan als Methode wird im Seminar nicht angewendet.

Bei Durchführung von Demonstrationen kann der Bildschirminhalt über ein Overheadflatscreen auf die Leinwand projiziert werden.

Anschauliche Demonstrationsobjekte wie mobile Datenträger (Disketten etc.), Identifikationskarten, Stempelkarten sowie Originalunterlagen (Prospekte, Handbücher, Pflichtenhefte des Arbeitgebers) haben sich als nützlich erwiesen.

VI. Hinweise zum Gebrauch dieses Bausteins

Das Curriculum wendet sich an Träger der gewerkschaftlichen oder gewerkschaftsnahen Bildungsarbeit, die für die genannte Zielgruppe ein zwei- bis dreitägiges Beratungsseminar AZEV durchführen wollen und bietet eine vollständige Beschreibung der Lerninhalte samt Strukturierung sowie didaktische Hinweise und Vorlagen für die Arbeitsmaterialien. Die Formulierung der Lerninhalte sowie die Form der didaktischen Hinweise gehen von folgenden Voraussetzungen aus:

Erfahrungen der Erwachsenenbildung – vorzugsweise aus der gewerkschaftlichen Bildungsarbeit – sind erforderlich, um Lernvoraussetzungen und -verhalten der SeminarteilnehmerInnen richtig einschätzen und die vorgeschlagenen Methoden sinnvoll anwenden zu können.

Zum Verständnis der betriebsrätlichen Arbeits- und Aufgabensituation, der Einschätzung des Stellenwertes der EDV-Problematik im allgemeinen und der AZEV- und Personalkontrollproblematik im speziellen sind **Beratungserfahrungen** oder eigene Erfahrungen als BelegschaftsvertreterInnen hilfreich, wenn nicht sogar notwendig.

Grundkenntnisse des **Betriebsverfassungsrechtes** einschließlich der einschlägigen BAG-Urteile, des »Volkszählungsurteiles« von 1982 und des Bundesdatenschutzgesetzes (BDSG) sind erforderlich.

Umfassendes Wissen über **Aufbau und Anwendung von EDV-Systemen** muß vorhanden sein. Bei Einsatz von Demonstrationssoftware werden zusätzlich Kenntnisse im Umgang mit einem AZEV-System einschließlich des dazugehörigen Betriebssystems (beispielsweise MS-DOS) benötigt.

Der vorliegende Baustein ist in sechs Lehreinheiten eingeteilt. Jede Lehreinheit enthält – wie bei den bereits vorliegenden Bänden –

- eine Beschreibung der angestrebten **Lernziele** und einen Hinweis auf die dort behandelten **Lerninhalte**;
- einen **Kurzzugang**, der zu Planungszwecken einen Überblick über Inhalte, Vermittlungsform, Hilfsmittel sowie benötigte Zeit bietet;
- eine **Langfassung**, die die Lerninhalte in systematischer Form ausführlich darstellt und Vorschläge für die Vermittlungsform und den Einsatz didaktischer Materialien (Folien, Arbeitsblätter und TeilnehmerInnen-Materialien) macht;
- **Arbeitstransparente** (»Folien«) und
- **Arbeitsblätter**, die entweder Aufgaben für Arbeitsgruppen enthalten oder als Tischvorlage für die TeilnehmerInnen Verwendung finden können.

Zusätzlich zu diesen Elementen, die sich in jeder Lehreinheit wiederfinden, wird der Baustein von einer kommentierten Literatur- und Videoliste abgeschlossen, in der sich auch Materialien finden, die an die TeilnehmerInnen ausgegeben werden können.

Die Langfassung gibt einerseits die Seminarinhalte in der Form wieder, wie sie behandelt werden sollen. Andererseits werden – hervorgehoben durch gerasterte Kästen – geeignete Arbeitsformen (Referat, Lehrgespräch, Arbeitsgruppen, Plenum, PartnerInnenarbeit), Auswahl und Gebrauch von Medien (Folien, Tafel, Metaplan, Arbeitsblatt) und andere didaktische Hilfsmittel vorgeschlagen. Diese didaktischen Hinweise gehen auf Erfahrungen aus Erprobungen zurück; oft sind verschiedene Optionen angegeben. Um visuell orientierte Lehr-Lernformen schneller nachvollziehbar zu machen, werden Fotos aus durchgeführten Seminaren beispielsweise von Tafelbildern oder Flipcharts eingefügt.

Die Folien und Arbeitsblätter sind systematisch durchnumeriert:

erste Ziffer =   Nummer des Bandes innerhalb der Reihe »Computertechnik für Arbeitnehmervertreter«, dabei bedeutet

	4 = Beratungsseminar AZEV,
	3 = Aufbauseminar Integration und Vernetzung,
	2 = Aufbauseminar Personaldatenverarbeitung und Arbeitnehmerrechte,
	1 = Grundseminar Grundwissen zur Technikgestaltung;
zweite Ziffer =	Nummer der Lehreinheit;
dritte und vierte Ziffer =	fortlaufende Nummer innerhalb der Lehreinheit.

Zum Teil sollen mehrere Folien übereinandergelegt werden; diese »Overlays« haben dann dieselbe Ordnungsnummer erhalten. Hinweise zur Verwendung der Folien und Arbeitsblätter finden sich jeweils im Kurzzugang sowie in der Langfassung.

Teile des ReferentInnen-Leitfadens können zu Seminarunterlagen für die TeilnehmerInnen zusammengefaßt werden, und zwar

– Teile der Literaturhinweise, die zum Selbststudium und zur Nacharbeit außerhalb des Seminars gedacht sind,
– alle **verwendeten** Folien sowie
– alle **verwendeten** Arbeitsblätter.

Lehreinheit 1

Betriebliche Rahmenbedingungen des Einsatzes von AZEV-Systemen

Inhalt

Lernziele 1–3
Kurzzugang 1–4
Langfassung
    AS 1 Vorstellung 1–6
    AS 2 Lehrgangsablauf 1–6
    AS 3 Ziele bei der AZEV-Einführung 1–11
Arbeitstransparente 4101 bis 4113 1–18
Arbeitsblätter 4101 bis 4105 1–33

Lernziele

Neben den sozialen Effekten (Kennenlernen der TeilnehmerInnen und der ReferentInnen, Vertrauen in die Situation entwickeln) hat diese Lehreinheit das Ziel, in die Problematik einzuführen und den Lehrgangsablauf plausibel zu machen.

Die TeilnehmerInnen sollen

1. gegenseitig ihre konkrete Problemlage und die Vorkenntnisse und Erwartungshaltung kennenlernen;
2. mit der Seminarkonzeption vertraut gemacht werden;
3. in die Grundproblematik und die möglichen Zielstellungen und Risiken bei der Einführung computergestützter AZEV-Systeme eingestimmt und dadurch zur Auseinandersetzung mit dem Thema motiviert werden.

Diese Lehreinheit vermittelt auch Kenntnisse darüber,

1. welchen Stellenwert Arbeitszeit-Kontrolle, -Abrechnung und -Management innerhalb der Aufgaben der Personalabteilung einnehmen;
2. welche Zielstellung ein Unternehmen hinsichtlich der Arbeitszeit und besonders der verschiedenen Fehlzeiten »seiner« Beschäftigten verfolgt. Dem soll gegenübergestellt werden, welche Ziele Beschäftigte und Betriebsrat hinsichtlich Arbeitszeit, Kontrolle etc. anstreben;
3. welche Kostenvorteile und andere Ziele Geschäftsleitungen mit der AZEV-Einführung verfolgen.

Diese Kenntnisse bilden die Voraussetzungen für eine realistische Einschätzung der Auswirkungen beim Einsatz eines computergestützten AZEV-Systems. Deshalb sollen die TeilnehmerInnen

- lernen, die Aufgabenstellung des Personalwesens insgesamt zu sehen;
- daraus die Zielsetzungen des Managements bei der Abrechnung, Festlegung und Kontrolle der Arbeitszeit ableiten und eigene Zielsetzungen entgegenstellen können;
- die möglichen Nutzungszwecke von AZEV-Systemen kennenlernen und auf die eigene betriebliche Situation anwenden können.

Schließlich ist es das Ziel zu vermitteln, welche Informationsunterlagen (Wirtschaftlichkeitsrechnung, Pflichtenheft) ihnen Auskunft über Nutzungszwecke geben.

Meistens taucht innerhalb der 1. LE die Diskussion um »Vor- und Nachteile von flexibler Arbeitszeit, insbesondere Gleitzeit« auf. Zwar ist dies nicht Thema dieses Seminars, als Hinweis für die TeilnehmerInnen findet sich jedoch im Literaturverzeichnis eine Liste aller vorliegenden Positionspapiere der Mitgliedsgewerkschaften des DGB und des DGB selbst.

Kurzzugang

Lerninhalte	Didaktisch-methodische Hinweise
AS 1 Vorstellung	
Begrüßung, Vorstellung der ReferentInnen und TeilnehmerInnen	Partnerarbeit
	Folie 4101
Organisatorisches	
	Zeitbedarf: ca. 30 Min.
AS 2 Lehrgangsablauf	
Methoden der Arbeitszeiterfassung, -kontrolle und -verarbeitung	Lehrgespräch, Flipchart »Benötigte Informationen«, Offene-Fragen-Register
– Negativ-Aufschreibung	Folie 4102
– Selbstaufschreibung	Folie 4103
– Stempeluhr	
– computergestütztes AZEV-System	Folie 4105
Neue Qualität der AZEV-Systeme	Folie 4104
Gründe für die verstärkte Einführung	
Auswirkungen auf die betroffenen Beschäftigten	Folie 4106
Unterstützung des Betriebsratshandelns	
Gesamtlehrgangsplan	Folie 4107
	Zeitbedarf: ca. 20 Min.
AS 3 Ziele bei der AZEV-Einführung	
3.1 Aufgaben der Personalabteilung	Lehrgespräch
– Entgeltrechnung	Folie 4108, mit Overlay 1
– Personalverwaltung	
– Personalplanung	
3.2 Ziele hinsichtlich Arbeitszeit und Abrechnung	
Geschäftsleitung bzw. Personalabteilung sowie Betriebsrat und Beschäftigte	Lehrgespräch mit Folie 4109 (bzw. bei viel Zeit an einer Wandtafel: TeilnehmerInnenübung mit Karten)
Auseinandersetzung mit Arbeitgeberargumenten	TeilnehmerInnenübung mit Arbeitsblatt 4102
3.3 Einsatzwecke von computergestützten AZEV-Systemen	Eröffnung mit Folie 4110
Zur Erledigung welcher Aufgaben und mit welcher Zielsetzung wird AZEV-Technik eingesetzt?	

Rationalisierungsmaßnahme für die Entgeltrechnung

Verhaltenskontrolle der Beschäftigten

Personalplanung

Beschränkung des Zutritts

Zusammenfassung: AZEV-Systeme als Methode

Durcharbeiten von Arbeitsblatt 4103 in PartnerInnenübung

Arbeitsblatt 4104, Seite 2

Lehrgespräch anhand Folien 4108 und 4111

Zusammenfassung mit Folie 4112

Arbeitsblatt 4105

Folie 4113

Zeitbedarf: ca. 45 Min.

Gesamter Zeitbedarf:
ca. 95 Min.

Langfassung

1. Vorstellung

Am Anfang dieser Lehreinheit stehen
- Begrüßung (evtl. mit Anknüpfung an Einladungsbrief **Arbeitsblatt 4101**),
- Vorstellung der ReferentInnen,
- Vorstellung der TeilnehmerInnen,
- Regelung organisatorischer Fragen (beispielsweise Pausenzeiten, Freizeitgestaltung etc.).

> Zur Unterstützung bei der Vorstellung dient **Folie 4101**, die der/die ReferentIn kurz als Gliederung auflegt. Damit wird sichergestellt, daß der/die ReferentIn und der/die TeilnehmerIn bereits in der Vorstellungsrunde einen Überblick über die wichtigsten Informationen zur EDV-Einführung in den Betrieben der SeminarteilnehmerInnen erhalten. Eine mögliche Methode ist das gegenseitige Vorstellen in PartnerInnenarbeit: Zwei SeminarteilnehmerInnen lernen sich in ca. zehnminütigem Gespräch kennen und stellen sich anschließend in der großen Runde wechselseitig unter bezug auf die Systematik der **Folie 4101** vor. Diese Methode führt einerseits zum Abbau persönlicher Unsicherheiten, besonders zu Seminarbeginn, und andererseits zur Konzentration auf die wesentlichen Fakten bei der Vorstellungsrunde. An einer Wandzeitung hält der/die ReferentIn tabellarisch die wesentlichen Fakten der Vorstellungsrunde fest.

2. Lehrgangsablauf

Derzeit werden auch in vielen mittleren und kleinen Betrieben computergestützte AZEV-Systeme geplant und eingeführt. Diese lösen verschiedene andere **Methoden der Arbeitszeit-Erfassung, -Kontrolle und -Verarbeitung** ab:

Bei Angestellten, aber oft auch im Werkstattbereich war keine Dokumentation der Zeitpunkte üblich, zu denen jemand kam oder ging. In der Entgeltabrechnung wurden lediglich Ausnahmen wie »Krankheit«, »Urlaub« etc. berücksichtigt (**Negativ-Aufschreibung**).

Insbesondere bei flexiblen Arbeitszeiten hat sich die **Selbstaufschreibung** durchgesetzt: Die Zeitpunkte des Kommens und Gehens werden auf einem Formular notiert und von den betroffenen Beschäftigten selbst ausgewertet. Die Zeitgenauigkeit beschränkt sich oft auf 5 Minuten. **Folie 4102** zeigt ein solches Formular der »Selbstaufschreibung«, in dem ein Übertrag auf den Folgemonat zugelassen ist.

Diese und ähnliche EDV-freien »Arbeitszeitsysteme« basieren darauf, daß durch eigene Kontrolle oder die Kontrolle der Vorgesetzten oder des Pförtners die Arbeitszeitordnung (AZO) eingehalten wird.

Mechanische Stempelkarten oder **Stechuhren** – insbesondere im gewerblichen Bereich – halten die Stempelzeiten meist dreiminuten- oder fünfminutengenau (schriftlich) fest. Oft wurden die Karten auf Stecktafeln direkt neben der Uhr deponiert, und es gab getrennte Tafeln für anwesende und abwesende Beschäftigte. Diese Karten konnten natürlich ungehindert von jedem eingesehen werden. Bei Bedarf wurden Korrekturen handschriftlich vorgenommen und vom/von der Vorgesetzten, z.B. MeisterIn, abgezeichnet. Täglich, wöchentlich oder monatlich erfolgte die Abrechnung durch die Personalabteilung oder die WerkstattschreiberInnen. Solche Stechkartensysteme wurden in großer Zahl kurz nach der Jahrhundertwende eingeführt und lösten damals massive Proteste vieler Beschäftigter aus. **Folie 4103** zeigt ein Beispiel für eine solche Stempelkarte.

Von vielen Arbeitgebern wird die Einführung des computergestützten AZEV-Systems als »Ersatzmaßnahme« für die Stempeluhren ausgegeben **(Folie 4104)**:
AZEV-Systeme haben jedoch – und hiermit wird sich die erste Lehreinheit noch beschäftigen – zusätzliche und andere Einsatzzwecke; ihr Einsatz führt zu einer neuen Qualität von ArbeitnehmerInnenkontrolle.

Gerade seit Ende der achtziger Jahre werden AZEV-Systeme verstärkt in bundesdeutschen Betrieben eingeführt – und dies aus folgenden Gründen:

1. Die Geschäftsleitungen wollen die Betriebszeiten erweitern und von den Arbeitszeiten entkoppeln. Aus diesem Grunde werden Arbeitszeiten flexibilisiert. Manchmal ist auch die Forderung der Beschäftigten nach Gleitzeit der Anlaß. Die Kontrolle und die Berechnung der Entgelte werden durch Flexibilisierung komplexer und aufwendiger.
2. Durch die Technikentwicklung sind die angebotenen AZEV-Systeme erheblich billiger geworden. Gleichzeitig wächst die Auswahl der Branchenlösungen und Programme, die auch aufwendigere Sachverhalte – wie Kurzarbeit, Vierschichtbetriebe usw. – verarbeiten können.
3. Die Lohn- und Gehaltsprogramme haben zunehmend integrierte Bausteine oder standardisierte Übergabeschnittstellen für AZEV-Systeme.

Mit Aufbau und Funktionsweise von AZEV-Systemen werden wir uns in Lehreinheit 2 beschäftigen.

Folgt man den Zielsetzungen der Geschäftsleitungen und der sich durch Einführung von AZEV-Systemen ergebenden neuen Qualität der Arbeitszeitkontrolle, so sind folgende Risiken für die Beschäftigten zu befürchten:

a) Rationalisierung

Bisherige – zum Teil qualifizierte – Abrechnungstätigkeiten bei WerkstattschreiberInnen und in der Personalabteilung entfallen. Die Arbeitsinhalte meist eines/r Beschäftigten in der Personalabteilung und damit die Qualifikationsanforderungen ändern sich. Darüber hinaus entsteht oftmals ein neuer Bildschirmarbeitsplatz mit den bekannten Belastungen.

b) Kontrolle der Beschäftigten

Das Kontrollpotential wird durch eine große Menge
- sehr differenzierter,
- sehr genauer,
- über lange Zeiträume speicherbarer Daten

stark erweitert. Hinzu kommt, daß diese Daten relativ einfach verknüpft werden können. Da sie aber oft aus dem Zusammenhang gerissen und daher schwer interpretierbar sind, besteht die Gefahr, verzerrte Persönlichkeitsbilder zu schaffen bzw. zu unterstützen.

Beispiel:
Bei eingebauten »Zuspätkommen-Zählern« werden die Gründe oder das Ausmaß der Verspätungen nicht mitberücksichtigt: Eine einminütige Verspätung bei Glatteis wird möglicherweise genauso gewertet wie eine Dreiviertelstunde Verspätung wegen Verschlafens oder Schlamperei.

c) Verlust der Zeithoheit

Zeithoheit liegt vor, wenn Beschäftigte keine besonderen Aktivitäten einleiten müssen, damit von ihnen geleistete Arbeitszeit auch (korrekt) bezahlt wird. Bei ungünstiger betrieblicher Regelung wirken die AZEV-Systeme als »Zeitknabberer«: Tatsächliche Arbeitszeiten werden nicht angerechnet (und damit nicht bezahlt).

d) Personalplanung

Erst mit computergestützten AZEV-Systemen lassen sich die Arbeitszeiten der einzelnen Beschäftigten so differenziert gestalten, daß ungünstigenfalls
- Gruppen nicht gemeinsam Pause machen können,
- Betriebsversammlungen geteilt werden müssen, weil immer nur ein Teil der Beschäftigten arbeitet,
- Mitfahrgemeinschaften platzen etc.

Die differenzierte Ausgestaltung von Arbeitszeiten wird auch als »Arbeitszeitmanagement« bezeichnet. AZEV-Daten und ihre Weiterverarbeitung können die Grundlage zu Planungsmaßnahmen sein, die oft nicht im Interesse der Beschäftigten liegen.

Beispiel:
In einem mittleren Unternehmen der Chemiebranche stellte die Geschäftsleitung fest, daß der Krankenstand
- bei Frauen
- in der Mischerei
- in der Spätschicht

zu hoch war. Anstatt nach den (betrieblichen) Ursachen zu fragen oder den Betriebsrat über die Zusammenhänge zu informieren, wurden in diesem Bereich jahrelang keine Frauen mehr eingestellt.

Betriebliche Rahmenbedingungen 1–9

Die Nutzungsmöglichkeiten von AZEV-Systemen für die Geschäftsleitung und die Risiken für die Beschäftigten (**Folie 4106**) werden in Lehreinheit 3 ausführlich behandelt.

Oftmals stellen Betriebsangehörige und ihre Interessenvertretung (und damit auch SeminarteilnehmerInnen) die These auf, Beschäftigte könnten sich mit Hilfe von AZEV-Systemen besser gegenüber Personalabteilung und ihren Vorgesetzten rechtfertigen. Als Antwort kann auf den Zusammenhang zwischen Rechtfertigung und Kontrolle eingegangen werden: Selbstverständlich ist denkbar und technisch machbar, daß mit Hilfe einer computergestützten Arbeitszeiterfassung dem/der »Stempelnden« mehr Informationen und Übersichten an die Hand gegeben werden. Die Praxis zeigt aber, daß AZEV-Systeme darauf ausgelegt sind, daß Daten **über** die »Stempelnden« gesammelt und der Geschäftsleitung durch die Personalabteilung an die Hand gegeben werden. Für die Dokumentation ist oft gar keine geeignete Liste/Auswertung etc. vorhanden; die **Eingabe**geräte werden von den »Stempelnden« gefüttert, die **Ausgabe**geräte stehen in der Personalabteilung.

Mit dem Thema »Nutzungsmöglichkeiten für die Geschäftsleitung und Risiken für die Beschäftigten« endet der erste Seminartag (vgl. **Folie 4107**). Für diesen Tag ist das übergeordnete Ziel zu beschreiben, was der Betriebsrat über die Planungen zum AZEV-System wissen muß, um beurteilen zu können, in welcher Weise negative Auswirkungen für die Beschäftigten zu erwarten sind.

Der **zweite Tag** dient dazu, sinnvolle Forderungen zur Vermeidung der erkannten Risiken von AZEV-Systemen und zur Nutzung positiver Möglichkeiten im Interesse der Betroffenen aufzustellen und Durchsetzungsmöglichkeiten bis hin zu Betriebsvereinbarungen zu diskutieren.

Die einzelnen Lehreinheiten sind:

LE 4: ArbeitnehmerInnenorientierte Forderungen

LE 5: Handlungsmöglichkeiten für Betriebsräte
LE 6: Regelungsinhalte einer Betriebsvereinbarung

Der Arbeitsschritt 2 dient dem Einstieg ins Seminarthema und der Motivation der TeilnehmerInnen. Hier soll das Thema keineswegs umfassend abgehandelt, sondern nur der »Bogen des Gesamtseminars« abgesteckt und der Lehrgangsablauf vorgestellt werden. Die Stoffbehandlung geschieht deshalb überwiegend im erfragenden Lehrgespräch ohne Vervollständigung durch den Referenten oder die Referentin. Am Beginn steht die öffnende Frage nach den Erfahrungen der TeilnehmerInnen mit Arbeitszeiterfassungsmethoden. Anschließend folgt eine Provokation der TeilnehmerInnen gemäß **Folie 4104**. Diese führt zur Frage, was denn das qualitativ Neue der Arbeitszeiterfassung durch AZEV-Systeme ist. Die Ergebnisse dienen der Vorbereitung auf spätere Lehreinheiten, in denen Einsatzzwecke und Risiken von AZEV-Systemen behandelt werden. Anschließend folgt eine Zusammenfassung der Methoden der Arbeitszeiterfassung in **Folie 4105**. Schließlich wird ein Lehrgespräch mit öffnender Frage empfohlen: Warum, meint ihr, werden zur Zeit verstärkt AZEV-Systeme in euren Betrieben eingeführt?

Auch das Thema Risiken soll nicht systematisch und umfassend behandelt, sondern nur »angerissen« werden; etwa beginnend mit der Frage: Mit welchen Risiken für die Beschäftigten muß gerechnet werden?... **Folie 4106** gibt eine mögliche Orientierung für das entstehende Tafelbild, eine vollständige Liste wird jedoch erst bei der ausführlichen Behandlung in LE 3 gewonnen.

Begleitend zur Entwicklung des Lehrgangsplans kann **Folie 4107** zeilenweise aufgedeckt werden.

In diesem Arbeitsschritt sollte gleichzeitig ein Flipchart/Poster mit der Überschrift »Benötigte Informationen« angelegt werden, auf dem während der folgenden

> Lehreinheiten des ersten Tages der Referent bzw. die Referentin den notwendigen Informationsbedarf notiert. Dieses Plakat kann dann am Ende des ersten Tages bzw. in LE 5 ausgewertet werden.
> Wir empfehlen, spätestens an dieser Stelle auch ein »Offene-Fragen-Register« in Form einer Wandzeitung anzulegen, in dem Fragen der SeminarteilnehmerInnen vermerkt sind, die zu einem späteren Zeitpunkt behandelt werden müssen. Um ein »Vergessen« zu vermeiden und um zu demonstrieren, daß man Nachfragen der SeminarteilnehmerInnen ernst nimmt, werden diese Fragen auf Karten festgehalten und im »Offene-Fragen-Register« angeklebt. Karten von beantworteten Fragen kommen nach jeder Lehreinheit auf die »Haben-Seite« des Registers. Das Register könnte auch zu Beginn des Seminars dadurch geöffnet werden, daß die SeminarteilnehmerInnen ihren Fragenbedarf auf Karten formulieren.

3. Ziele bei der AZEV-Einführung

3.1 Aufgaben der Personalabteilung

Federführend für die Einführung eines AZEV-Systems ist in aller Regel die Personalabteilung. Sie nimmt im Bereich des Personalwesens die Unternehmensinteressen wahr und ist in den meisten Fällen ohnehin Ansprechpartner des Betriebsrates.

Die Aufgaben der Personalabteilung lassen sich aufteilen in drei Bereiche:
- Entgeltrechnung,
- Personalverwaltung und
- Personalplanung (vgl. **Folie 4108**).

Zur **Entgeltrechnung** zählen insbesondere die Abrechnung und Überweisung von Löhnen und Gehältern einschließlich aller Mehrarbeits- und sonstiger Zuschläge, Urlaubsgeld sowie die Weiterleitung bestimmter Daten an Krankenkassen, Finanzamt etc. nach DEVO/DÜVO (= Datenerfassungs-/Datenübermittlungsverordnung).

Im Bereich der **Personalverwaltung** werden

- Personalakten mit Beurteilungen, Verwarnungen, Fortbildungsmaßnahmen etc. geführt,
- Einstellungs-, Umsetzungs- und Kündigungsverfahren abgewickelt,
- Termine und Fristen (beispielsweise Urlaub, Einhaltung der Arbeitszeit, Probezeit, Kündigungsschutz, Arbeits- und Aufenthaltserlaubnis, befristete Arbeitsverhältnisse) kontrolliert,
- Auskünfte gegenüber internen Stellen und einzelnen ArbeitnehmerInnen (Lohn- und Gehaltslisten, Telefonlisten, Urlaubsnachweise) sowie externen Stellen (Behörden, Versicherungen, Banken, Gewerkschaften, Arbeitsämtern, Finanzämtern) erteilt und
- Statistiken über Krankenstand, Fehlzeiten, Überstunden, Fluktuation, Urlaubsinanspruchnahme, Eingruppierungen, Altersaufbau der Belegschaft etc. erstellt.

Aufgabe der unternehmerischen **Personalplanung** ist es, dafür zu sorgen, daß genügend geeignetes Personal zur Verfügung steht und das vorhandene Arbeitskräftepotential quantitativ und qualitativ optimal ausgeschöpft wird. Die Personalplanung ist somit auch Grundlage für Rationalisierungsmaßnahmen im Personalbereich selbst. Sie umfaßt folgende Einsatzbereiche (nach RKW-Handbuch, siehe Literaturverzeichnis Nr. 9):

a) Personal-Bedarfsplanung:

Die Ermittlung der erforderlichen personellen Kapazitäten in quantitativer, qualitativer sowie zeitlicher Hinsicht.

b) Personal-Beschaffungsplanung:

Die Versorgung des Unternehmens mit Arbeitskräften durch interne und externe Beschaffung.

c) Personal-Abbauplanung:

Die Einsparung von Personal in quantitativer, qualitativer und zeitlicher Hinsicht.

d) Personal-Einsatzplanung:

Die Zuordnung der Arbeitskräfte zu Arbeitsplätzen bzw. umgekehrt.

e) Personal-Entwicklungsplanung

Die Verbesserung der Leistungsfähigkeit und Leistungsbereitschaft der Mitarbeiter, z.B. durch Aus- oder Fortbildung.

f) Personal-Kostenplanung:

Die Kontrolle der unterschiedlichen Einkommensbestandteile sowie der Personalnebenkosten (vgl. **Folie 4108, Overlay 1**).

In den vergangenen Jahren hat die vorausschauende und dispositive Personalplanung erheblich an Bedeutung gewonnen. Auch für die Zielsetzungen des Seminars ist die Personalplanung von großer Bedeutung. Dagegen nennt die Geschäftsleitungsseite oft die Entgeltrechnung als Hauptziel des Personalwesens. Die Aufgabenstellungen der Personalabteilungen bestimmen auch deren Zielsetzungen bei der Einführung von AZEV-Systemen.

> Dieser Abschnitt wird im Lehrgespräch durchgeführt. Zur Unterstützung dient **Folie 4108** mit **Overlay 1**. Beide Folien sind von unten nach oben zu lesen. Dadurch wird ausgedrückt, daß die Entgeltrechnung mit ihren Daten erst die Grundlage für die Personalverwaltung und diese wieder Grundlage der Personalplanung bildet. Auch hinsichtlich der steigenden Komplexität und Wichtigkeit für die Interessen der Beschäftigten ergibt sich diese gestufte Wertigkeit. Während die beiden erstgenannten Bereiche weitgehend auf der Ebene von verwaltenden SachbearbeiterInnentätigkeiten abgewickelt werden, stellt die Personalplanung ein dispositives Tätigkeitsfeld des Managements mit weitreichenden Auswirkun-

> gen auf die Zukunft der Beschäftigten dar. Die einzelnen Begriffe der Personalplanung müssen die TeilnehmerInnen nicht beherrschen; sie dienen nur dem Überblick über die von Geschäftsleitungen verwendeten Begriffe. Folgende Merkregel faßt die Aufgaben der Personalplanung zusammen: Wieviel Beschäftigte werden wann und wo und mit welchen Qualifikationen benötigt, welche Maßnahmen sind dazu erforderlich und welche Kosten verursacht das Personal?
> Vertiefende Kenntnisse vermittelt das Aufbauseminar PDV (vgl. Band 2 dieser Reihe).

3.2 Ziele hinsichtlich Arbeitszeit und Abrechnung

Im Zusammenhang mit Abrechnung, Festlegung und Kontrolle der Einhaltung von Arbeitszeiten haben Geschäftsleitung und Betriebsrat bzw. Beschäftigte teilweise gemeinsame, teilweise entgegengesetzte Zielsetzungen. Gemeinsame Ziele sind beispielsweise, daß

– Löhne und Gehälter pünktlich und möglichst fehlerarm abgerechnet und ausgezahlt sowie
– die gesetzlichen Mindestpausen eingehalten werden sollen.

Viele der im folgenden genannten Ziele sind nur einer Seite zuzuschreiben und stehen zum Teil dem Interesse der jeweils anderen Seite entgegen.

Ziele der Geschäftsleitung/Personalabteilung:

Die Geschäftsleitung wird bei der AZEV-Einführung im wesentlichen von folgenden Zielsetzungen geleitet:

1. Die **Abrechnung** der Entgelte soll möglichst **aufwandsarm** durchgeführt werden.
2. Entgelte sind für die Unternehmen Kosten. Entgelte für Fehlzeiten stellen sogar »Kosten ohne Gegenleistung« (Zitat) dar. **Kosten und Fehlzeiten** müssen **minimiert** werden. Die »Einsparungspotentiale« sind – wenn möglich mit Hilfe eines AZEV-Systems – zu ermitteln.
3. Die **Verlegung von persönlichen Arbeitszeiten** auf die Zeiten des größten betrieblichen Arbeitsanfalles sichert am ehesten deren effektive Nutzung, spart Stellen und Überstunden oder verlängert die Betriebszeiten (KAPOVAZ: »Kapazitätsorientierte variable Arbeitszeit«).
4. **Lückenlose Kontrolle** erhöht die Bereitschaft der Beschäftigten, sich betrieblichen Arbeitszeitregeln zugunsten des Unternehmens zu unterwerfen.
5. **Personalauswahl** ist die Voraussetzung für eine leistungsfähige und -bereite Belegschaft. Als Indizien für mangelnde oder durchschnittliche Leistungsbereitschaft werden neben Fehlzeiten auch Verspätungen, Pausenüberziehungen etc. gewertet.

Ziele von Betriebsrat und Belegschaft:

Gegenüber den Zielen der Geschäftsleitung bei Einführung von computergestützten AZEV-Systemen lassen sich die Interessen der Beschäftigten und des Betriebsrates in folgenden Feldern bündeln (die Reihenfolge korrespondiert mit der obigen Reihenfolge):

1a) WerkstattschreiberIn, Pförtner und Sachbearbeitungspersonal in der Personalabteilung sollen auch in Zukunft eine qualifizierte Tätigkeit mit Entwicklungsmöglichkeiten ausüben.

1b) Die Lohn- und Gehaltsabrechnungen sollen transparent und für die Beschäftigten nachvollziehbar sein.

2. Kontrollen, insbesondere wenn sie technisch gestützt sind, dürfen nicht dazu führen, daß Beschäftigte berechtigte Abwesenheitszeiten vermeiden und Spielräume ungenutzt lassen, um nicht aufzufallen.

3. Beschäftigte haben ein Interesse, die Lage der Arbeitszeit mitzubestimmen: Dabei spielt ihr Wunsch eine wesentliche Rolle, einen Teil oder sogar die gesamte Arbeitszeit mit allen oder auch nur bestimmten KollegInnen gemeinsam zu arbeiten und Pausen gemeinsam zu verbringen. (Positionspapiere einzelner Gewerkschaften zu Arbeitszeitfragen sind im Literaturverzeichnis wiedergegeben.)

4. Mit dem Recht auf freie Entfaltung der Persönlichkeit (§ 75 BetrVG) ist eine lückenlose Kontrolle der Arbeitszeiten nicht vereinbar. Verstöße von wenigen dürfen nicht zur Rechtfertigung eines zu dichten Kontrollnetzes für alle mißbraucht werden. AZEV-Systeme sollen nicht zu einer einseitigen Auslegung der betrieblichen Arbeitszeitordnung beitragen.

5. Auswahl nach abstrakten Kriterien ist sicher niemals im Interesse der Belegschaft: Statt »olympiareifer Mannschaften« müssen auch leistungs- und gesundheitsschwächere bzw. im Privatleben mehr belastete Beschäftigte als »normale ArbeitnehmerInnen« gelten können.

Bei der Erarbeitung der Zielsetzungen von Geschäftsleitung und Beschäftigten kann an den arbeitsalltäglichen Erfahrungen der Betriebsräte angesetzt werden. Es bietet sich an, die Zielstellungen beider Betriebsparteien zusammen und gegenüberstellend nach einer der beiden folgenden Varianten zu behandeln.

Variante 1:

Der/die ReferentIn legt die **Folie 4109** (leer) auf oder erstellt ein entsprechendes Flipchart und hält die von den TeilnehmerInnen genannten Ziele fest. Dabei sollten sich unmittelbar widersprechende Ziele auf der gleichen Zeile, d.h. rechts und links der Pfeile aufgetragen werden; gemeinsame Zielsetzungen lassen sich unterhalb der »Pfeilzone« eintragen.

Variante 2:

Die TeilnehmerInnen notieren Ziele der Geschäftsleitung und des Betriebsrates auf Karten mit zwei verschiedenen Farben; im Plenum werden die Karten von den SeminarteilnehmerInnen gemeinsam sortiert und auf einer Wandtafel gemäß dem Schema der Variante 1 aufgesteckt.

Betriebliche Rahmenbedingungen 1–15

Der Text der Langfassung gibt einige – unvollständige – Hinweise. Nach Abschluß der »Sammelphase« kann ggf. eines der Ziele ausführlicher bewertet werden. Die Behandlung des Fehlzeitenarguments unterstützt **Arbeitsblatt 4102**. Nach einer Zeit zum individuellen Lesen (ca. 3 Minuten) sollte der Artikel etwa gemäß folgender Leitfragen ausgewertet werden: Was sind Fehlzeiten, zu welchen Problemen führen sie in den Augen der Geschäftsleitung, welche Ursachen haben sie und wie können sie behoben werden? Der Artikel eignet sich besonders, um eine einseitige Haltung der Geschäftsleitung zu Fehlzeiten zu verdeutlichen. Die TeilnehmerInnen sollten auf folgendes hingewiesen werden: Entgegen der richtigen Feststellung, daß »wirksame betriebliche Maßnahmen zur Minderung von Fehlzeiten eine sorgfältige Ermittlung dieser Ursachen voraussetzen«, spielt die Suche nach betriebsbedingten Quellen der krankheitsbedingten Ausfälle in den Ausführungen des IDW keine Rolle. Computergestützte AZEV-Systeme »liegen im gleichen Trend«, nämlich: Beschäftigtengruppen und einzelne Beschäftigte mit übermäßig hohen Fehlzeiten aufzuspüren und persönlich zu sanktionieren.

3.3 Einsatzzwecke von computergestützten AZEV-Systemen

Die Anschaffung von AZEV-Systemen stellt eine Investition dar. Die Hardware- und Softwarekosten liegen bei 25 000 DM und höher; es ist bekannt, daß die sonstigen Einführungskosten (Qualifizierung, Projektkosten, Daten-Ersteingabe, Verkabelung etc.) in der Regel die Gesamtinvestitionssumme auf das Zwei- bis Vierfache treiben. Damit die Anschaffung sich wirtschaftlich auszahlt, müssen auf der Nutzenseite entsprechende Einsparungen verbucht werden (vgl. auch **Folie 4110**). Wie im folgenden ausgeführt wird, ist der mit einem konkreten Einsatzzweck verbundene Nutzen des AZEV-Systems nicht in jedem Falle nur ein unmittelbar wirtschaftlicher. Insgesamt können vier mögliche Einsatzzwecke unterschieden werden.

a) Rationalisierungsmaßnahme für die Entgeltberechnung

EDV-gestützte AZEV-Systeme lösen Stempelkarten, Formulare oder Negativ-Aufschreibungen als Grundlage der Entgeltberechnung ab. Der Bedarf an manueller Berechnung entfällt. Nicht immer lassen sich wirtschaftliche Effekte so deutlich wie in **Arbeitsblatt 4103** durch Einsparungen von Personalkosten nachweisen. Im Gegenteil: Die Geschäftsleitungen behaupten in den meisten Fällen, keine Investitions- und Kostenrechnung detailliert durchgeführt zu haben. Bestenfalls wurde der Investitionsbedarf berechnet. Oftmals steckt dahinter, daß sich die Investition nach klassischer Investitionsrechnung gar nicht »rechnet«: Die Vorteile liegen vielmehr in strukturellen Verbesserungen bzw. qualitativen Vorteilen im Sinne der Geschäftsleitungen (vgl. im folgenden).

b) Verhaltenskontrolle der Beschäftigten

Das Bestreben, die betrieblichen Abläufe kalkulierbar zu machen, ist seit jeher eigenständiges Ziel der Geschäftsleitungen bzw. der Unternehmer: Um Vorgänge zukünftig vorhersehbar und steuerbar zu machen, sollen sie möglichst umfassend, lückenlos und detailliert erfaßt werden. Auch die einzelnen Beschäftigten unterliegen immer stärker der Kontrolle des Betriebes, je perfekter computergestützte Erfassungs- und Kontrollsysteme entwickelt werden: »Gläserner Betrieb« bedeutet ja nicht, daß der Betrieb von allen Beteiligten, sondern »von oben nach unten« besser durchschaut werden kann. In keinem anderen Bereich gilt darüber hinaus die Volksweisheit »Wissen ist Macht« so treffend wie im Betrieb.

Der Umfang der durch ein AZEV-System erfaßten Ereignisse kann anhand des **Arbeitsblattes 4104** verdeutlicht werden.

LE 3 behandelt die Kontrollmöglichkeiten durch AZEV-Systeme vertieft.

c) Personalplanung

Das AZEV-System kann weiterhin verwendet werden, um Informationen als Grundlage für Personalplanungsmaßnahmen, insbesondere für den Personaleinsatz, zu erhalten. Das gilt für alle im Arbeitsschritt 1 genannten Bereiche der Personalplanung – möglicherweise mit Ausnahme der Personalbeschaffung. Eine Liste von Beispielen enthält **Folie 4111**.

d) Beschränkung des Zutritts

Häufig soll eine weitere »Fliege mit derselben Klappe« AZEV-System geschlagen werden. Die Geschäftsleitung will das Betriebsgelände durch Kopplung der AZEV-Erfassungsgeräte mit Türen, Drehkreuzen, Schranken etc. vor dem Betreten durch »Unberechtigte« schützen. Gleichzeitig werden damit oft die Zufahrt zum Betriebsparkplatz und der Zugang zur Kantine reglementiert und Pförtnerfunktionen auf das AZEV-System übertragen. Zum Teil soll der Betrieb in Zonen unterteilt und das ganze System zu einem Zugangskontrollsystem ausgebaut werden (vgl. ausführlicher Lehreinheit 2, AS 5).

Zusammenfassung

Die vier möglichen Einsatzzwecke eines AZEV-Systems finden sich in **Folie 4112** als **Zusammenfassung**. Den Zweck eines AZEV-Systems aus der Sicht eines Herstellers zeigt exemplarisch **Arbeitsblatt 4105**. Welche Zwecke der Arbeitgeber dem geplanten AZEV-System tatsächlich zuschreibt, wird er in der Regel, wenn er systematisch und sorgfältig vorgeht, schriftlich festhalten und möglichen Lieferanten zwecks Erstellung eines Angebotes zukommen lassen. Man nennt diesen Anforderungskatalog auch **Pflichtenheft**. Die potentiellen Lieferanten müssen dann prüfen, was sie davon leisten können und dem Kunden ein von ihnen erstelltes **Lastenheft** zukommen lassen. Unklugerweise wird oftmals der Anbieterfirma das Verfassen des Pflichtenheftes übertragen, die dies ohne Mehrkosten durchführt.

An dieser Stelle sollte noch einmal betont werden, daß nicht die Technik an sich problematisch ist, sondern die Technik im Zusammenhang mit bestimmten Zielen der Personalabteilung. AZEV-Systeme sind leider aber in der Regel nach den Anforderungen von Personalabteilungen konzipiert, konstruiert und entwickelt worden.

Für diesen Abschnitt wird das Lehrgespräch empfohlen. Es kann eröffnet werden mit **Folie 4110** (zugleich Zusammenfassung und Einstiegsprovokation). Das **Arbeitsblatt 4103** sollte gemeinsam oder in PartnerInnenarbeit durchgearbeitet werden, da es relativ detailliert und realistisch die verschiedenen Positionen einer ernsthaften Wirtschaftlichkeitsrechnung gegenüberstellt. Die Wirtschaftlichkeitsrechnung gibt wesentliche Aufschlüsse über die geplanten Rationalisierungseffekte, z.B. über Personaleinsparungen, und sollte deshalb immer bei der Geschäftsleitung angefordert werden. Es folgt die Aufnahme des Stichwortes »Wirtschaftlichkeitsrechnung« auf das Plakat »Benötigte Informationen« mit Verweis auf den Wirtschaftsausschuß gemäß § 106 BetrVG. **Arbeitsblatt 4104** soll hier nur zur Veranschaulichung herangezogen werden; die dort vorgesehene Übung wird später durchgeführt.

Zur Behandlung des Zweckes der Personalplanung bieten sich zwei Varianten an:

Variante 1:

Lehrgespräch unter der Fragestellung, wie lassen sich AZEV-Systeme konkret für die in **Overlay 1** von **Folie 4108** genannten Planungsaufgaben im Sinne der in 3.2 erarbeiteten Ziele nutzen? Exemplarisch werden Einsatzmöglichkeiten eines AZEV-Systems für diesen Zweck entwickelt (Beispiele gemäß **Folie 4111**).

Variante 2:

Die in **Folie 4111** genannten konkreten Planungsfälle können daraufhin untersucht werden, inwieweit Daten des AZEV-Systems hierfür nutzbar sind. Beispiele: Disziplinarmaßnahmen aufgrund von häufigen Montags- bzw. Freitagsfehlzeiten; Maschinenbesetzung aufgrund von Übersichten über aktuell anwesende ArbeitnehmerInnen in der Abteilung.

In beiden Varianten kann exemplarisch vorgegangen werden, um Zusammenhänge zu verdeutlichen. Für weiterführende Überlegungen muß auf das Aufbauseminar PDV verwiesen werden (vgl. Band 2 dieser Reihe).

In der Zusammenfassung der Lehreinheit vermittelt **Folie 4113** den Zusammenhang zwischen Aufgaben des Personalwesens, konkreten Nutzungszwecken von AZEV-Systemen und den dadurch entstehenden Risiken für ArbeitnehmerInnen. Die dritte Spalte der Folie wird einstweilen nur mit ihrer Überschrift aufgedeckt.

Anschließend sollte die Karte »Pflichtenheft« auf das Plakat »Benötigte Informationen« geheftet werden.

Arbeitstransparente

4101	Vorstellungsrunde
4102	Zeitaufschreibung
4103	Stempelkarte
4104	Behauptung
4105	Methoden der Arbeitszeiterfassung und -kontrolle
4106	Risiken für die Beschäftigten bei computergestützten AZEV-Systemen
4107	Lehrgangsablauf
4108	Aufgaben des Personalwesens
4108 O1	Overlay 1 zu Folie 4108
4109	Ziele bei Arbeitszeit
4110	Ziele des AZEV-Einsatzes in der Werbung
4111	AZEV-gestützte Personalmaßnahmen und -planungen
4112	Zweck von AZEV-Systemen
4113	AZEV-Systeme als Methode

TBS 4101
Technologieberatungsstelle beim DGB Landesbezirk NRW   Computertechnik für Arbeitnehmervertreter

Vorstellungsrunde

Name
Funktion
Interessen
Vorkenntnisse

Betrieb

Name,
Gewerkschaft
Betriebsziel
Produkte
Beschäftigte: Anzahl Angestellte
                Anzahl Arbeitnehmer

EDV-Einsatz

Bisher: AZEV?
                Zugangskontrolle?
                BDE?
                Lohn/Gehalt?
                PIS?
                Andere?

Geplantes
AZEV-System: Typ, Name, Hersteller,
                Termin

Betriebsrats-
arbeit: EDV-Ausschuß?
                Vereinbarungen?

© TBS

TBS 4102

Technologieberatungsstelle beim DGB Landesbezirk NRW — Computertechnik für Arbeitnehmervertreter

Zeitaufschreibung

Monat: ....19..
Vortrag Vormonat: .... Std.

	Beginn	Ende	Bez. Zeit	Differenz	Ges. Differenz	Kommentar
1						
2						
3						
4						
5						
6						
7						
8						
9						
10						
11						
12						
13						
14						
15						
16						
17						
18						
19						
20						
21						
22						
23						
24						
25						
26						
27						
28						
29						
30						
31						

© TBS

TBS 4103

Technologieberatungsstelle beim DGB Landesbezirk NRW   Computertechnik für Arbeitnehmervertreter

Stempelkarte

Nr. 2

Name ....

Monat .... 19......

Normal	Kommt	Geht	Kommt	Geht	Unterbrechung			Summe	Urlaub Std.	Feiertag Std.	Sonstig. Std.	Zuschläge		steuerfreie Zuschläge	
Früh	Kommt		Geht									25 %	50 %	50 %	Nacht-zulage
Tag			Kommt	Geht	Geht	Kommt									
Nacht	Geht			Kommt											
16															
17															
18															
19															
20															
21															
22															
23															
24															
25															
26															
27															
28															
29															
30															
31															

Drahtseilerei Technokrat GmbH

Sa. d. Std.

© TBS

Behauptung

„Das computergestützte AZEV-System ersetzt lediglich die alten Stempeluhren"

Methoden der Arbeitszeiterfassung und -kontrolle

Stempeluhren Selbstaufschreibung Sichtkontrolle

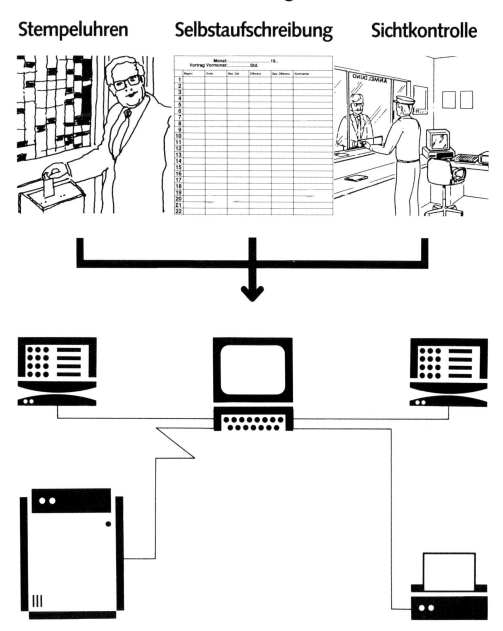

Computergestützte Arbeitszeiterfassung und -verarbeitung

Risiken für die Beschäftigten bei computergestützten AZEV-Systemen

Rationalisierung

Werkstattschreiber
Pförtner
Personalverwaltung

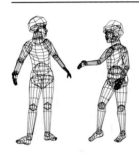

Kontrolle

Zugangskontrolle
Statistiken
Personelle Einzelmaßnahmen

Verlust der Zeithoheit

Automatische Zeitabzüge
Kein „Durchblick" mehr
Computerfehler
„Ersatzzeitpunkte"

Verbesserung der Personalplanungsinstrumente

Urlaubsplanung
Personaleinsatz/-struktur
Aushöhlung der
BR-Mitbestimmungsrechte

© TBS

Lehrgangsablauf

1. Tag:

Informationsbedarf

1. Betriebliche Rahmenbedingungen des Einsatzes von AZEV-Systemen

2. Aufbau und Funktionsweise von AZEV-Systemen

3. Nutzungsmöglichkeiten für die Geschäftsleitung und Risiken für die Beschäftigten

2. Tag:

Handlungsmöglichkeiten

4. ArbeitnehmerInnen-orientierte Forderungen

5. Handlungsmöglichkeiten für Betriebsräte

Aufgaben des Personalwesens

# Personalplanung

Personalverwaltung

# Entgeltrechnung

Personalbedarfsermittlung
Personalbeschaffung
Personalentwicklung
Personaleinsatz
Personalerhaltung
Personalfreistellung
Personalkostenanalyse

Einstellungen und Kündigungen
Termin- und Fristenkontrolle
Erstellen von Statistiken
Datenübermittlung

Lohn- und Gehaltsabrechnung
Betriebsrenten
Kurzarbeitergeld
Einbehaltung von Beiträgen für Dritte

TBS 4109

Technologieberatungsstelle beim DGB Landesbezirk NRW Computertechnik für Arbeitnehmervertreter

Ziele bei Arbeitszeit

Arbeitgeber/ Personalabteilung	↔	Beschäftigte / Betriebsrat
	↔	
	↔	
	↔	
	↔	
	↔	
	↔	
	↔	

© TBS

Ziele des AZEV-Einsatzes in der Werbung

 HENGSTLER

SIE KÖNNEN NUR
GELD SPAREN
WENN SIE
ZEIT SPAREN
DENN ZEIT
IST GELD!

SICHERN SIE SICH
IHREN VORSPRUNG
DURCH EINEN
RATIONELLEN
UMGANG MIT DER
ARBEITSZEIT

Quelle: Katalog Fa. Hengstler

AZEV-gestützte Personalmaßnahmen und -planungen

 1. Jahres-Urlaubsplanung

 2. Maschinenbesetzung

 3. Disziplinarmaßnahmen

 4. Abbau von Fehlzeiten

 5. Flexibilisierung zur Erhöhung der Betriebszeiten

 6. Stellenbesetzung, Beförderung

 7. Personaleinsatzplanung

 8. Stellenabbau, Entlassung

Zweck von AZEV-Systemen

Mittel zur Rationalisierung der Verwaltung der Arbeitszeiten

Personalinformationssystem zur Kontrolle von Leistung und Verhalten

Planung, insbesondere des Personaleinsatzes

Durchsetzung von Zugangsbeschränkungen

AZEV-Systeme als Methode

Aufgaben des Personalwesens

Personalplanung
Personalbedarfsermittlung
Personalbeschaffung
Personalentwicklung
Personaleinsatz
Personalerhaltung
Personalfreistellung
Personalkostenanalyse

Personalverwaltung
Einstellungen und Kündigungen
Termin- und Fristenkontrolle
Erstellen von Statistiken
Datenübermittlung

Entgeltrechnung
Lohn- und Gehaltsabrechnung
Betriebsrenten
Kurzarbeitergeld
Einbehaltung, von Beiträgen für Dritte

Zweck von AZEV-Systemen

Mittel zur Rationalisierung der Verwaltung der Arbeitszeiten

Personalinformationssystem zur Kontrolle von Leistung und Verhalten

Planung, insbesondere des Personaleinsatzes

Durchsetzung von Zugangsbeschränkungen

Risiken für die Beschäftigten bei computergestützten AZEV-Systemen

Rationalisierung
Werkstattschreiber
Pförtner
Personalverwaltung

Kontrolle
Zugangskontrolle
Statistiken
Personelle Einzelmaßnahmen

Verlust der Zeithoheit
Automatische Zeitabzüge
Kein „Durchblick" mehr
Computerfehler
„Ersatzzeitpunkte"

Verbesserung der Personalplanungsinstrumente
Urlaubsplanung
Personaleinsatz/-struktur
Aushöhlung der BR-Mitbestimmungsrechte

Betriebliche Rahmenbedingungen

Arbeitsblätter

4101   Einladungsbrief
4102   Betriebliche Fehlzeiten (2 Seiten)
4103   Wirtschaftlichkeit von AZEV-Systemen (2 Seiten)
4104   Tagesablauf (Beispiel) (2 Seiten)
4105   Zweck eines AZEV-Systems (Beispiel)

TBS
Technologieberatungsstelle beim DGB Landesbezirk NRW

Arbeitsblatt 4101
Computertechnik für Arbeitnehmervertreter

Einladungsbrief

Vorbereitung auf das Beratungsseminar zu computergestützten
Arbeitszeiterfassungs- und -verarbeitungssystemen (AZEV)
in...

Liebe KollegInnen,

Ihr habt Euch zum zweitägigen AZEV-Seminar angemeldet. Wir freuen uns, daß Ihr Euch intensiver mit der Problematik der Verarbeitung von personenbezogenen Daten auf Computern, insbesondere AZEV-Systemen befassen wollt.

Ziel des ersten Tages am........wird es sein, den speziellen Informationsbedarf eines Betriebsrates bei der Einführung von AZEV-System abzustecken.

Durch den zweiten Tag soll es Euch möglich werden,

- konkrete Forderungen zu formulieren,
- Regelungsbereiche einer notwendigen Betriebsvereinbarung vorzuschlagen und auszuarbeiten,
- rechtliche Möglichkeiten zur Durchsetzung eigener Forderungen anzuwenden.

Ihr Sollt durch das Seminar also in die Lage versetzt werden, möglichst selbständig und kompetent zu verhandeln.

Da der Lernerfolg wesentlich davon abhängt,

- wie genau wir Euren Wissensbedarf mit unseren Seminarinhalten treffen und
- wieviel von Euren Erfahrungen und betrieblichen Problemen Ihr im Seminarverlauf einbringen könnt,

beabsichtigen wir, in der Vorstellungsrunde auf Eure spezielle Situation einzugehen. Beiliegend findet Ihr ein Übersichtsblatt, anhand dessen wir Euch bitten, die Vorstellungsrunde vorzubereiten.

Mit freundlichen Grüßen

Anlage:
Vorstellungsblatt **Folie 4101**

Betriebliche Fehlzeiten

Die westdeutsche Wirtschaft muß jährlich Fehlzeiten von rund 132 Stunden oder gut 17 Tagen je Mitarbeiter hinnehmen. Rund 80% der Fehlzeiten sind krankheitsbedingt. Allein die Lohnfortzahlung im Krankheitsfall verursacht jährlich unmittelbare Kosten von etwa 44 Milliarden DM (1989) - Erhebung des Instituts der deutschen Wirtschaft Köln.

Fehlzeiten sind der Ausfall an Arbeitszeit, der durch Krankheit, Unfälle, Kuren und durch persönlich-familiäre Ereignisse oder anders formuliert - durch entschuldigtes und unentschuldigtes Fehlen verursacht wird.

Die Auswirkungen.
Fehlzeiten führen zu
- empfindlichen Störungen des betrieblichen Arbeitsablaufes,
- Beeinträchtigung der Rentabilität des Unternehmens und zur
- Belastung des Betriebsklimas, wenn Arbeitskollegen durch das Fernbleiben zusätzliche Arbeitsanforderungen erfüllen müssen.

Zu den folgenschwersten Auswirkungen gehören neben
- Produktionsausfällen die
- Fehlzeitenkosten: die
    - Lohn- und Gehaltsfortzahlung, die
    - Kosten für betriebliche Umsetzungen und Einarbeitung, die
    - Kosten zusätzlich beschäftigter Arbeitskräfte, die
    - Kosten wegen ungenügender Auslastung des Produktionsapparates sowie
- Lieferschwierigkeiten und
- Konventionalstrafen wegen Überschreitung vereinbarter Lieferfristen.

Gesamtwirtschaftlich beeinträchtigen Fehlzeiten die Wettbewerbsfähigkeit und damit die Produktion und Beschäftigung.
(...)

Frauen fehlen häufiger.
In fast allen Wirtschaftsbereichen liegen die Fehlzeiten der weiblichen Arbeitnehmer über denen der männlichen. Weibliche Arbeiter erreichen im Durchschnitt rund 187 Fehlstunden pro Jahr, männliche Arbeiter dagegen nur 150.
(...)

Eine Vielzahl von Untersuchungen zeigt: Fehlzeiten sind auch vom Ausbildungsstand der Mitarbeiter abhängig: Hochqualifizierte Arbeitnehmer fehler weniger häufig. Erklärung: Offenbar nimmt die Identifikation mit dem Beruf mit der Qualifikation zu.

Arbeitsausfall durch Erkrankung.
Der größte Teil der Fehlzeiten
(80%, 115 Tage/Jahr) ist auf Krankheitsfälle zurückzuführen. Mit weitem Abstand folgen Kuren vor Unfällen.
(...)

Betriebliche Maßnahmen gegen Abwesenheit.
Kriterien schlechter Arbeitsmoral sind häufiges Zuspätkommen, häufige kurze Abwesenheit und unentschuldigtes Fehlen. Außerbetriebliche Belastungen, aber auch Arbeitsunlust und Unzufriedenheit am Arbeitsplatz gelten als wichtige Ursachen für das "Krankfeiern". Wirksame betriebliche Maßnahmen zur Minderung von Fehlzeiten setzen eine sorgfältige Ermittlung dieser Ursachen voraus. Das liegt nicht zuletzt im Interesse aller Mitarbeiter. Denn:

Hohe Fehlzeiten lassen die Arbeitskosten steigen und gefährden damit Produktion und Beschäftigung.

Quelle: Argumente zu Unternehmensfragen IdW 1991

Wirtschaftlichkeit von AZEV-Systemen

Voraussetzungen

1. 100 Beschäftigte, davon stempeln bislang 60, 95 sollen in Zukunft am AZEV-System buchen.
2. Die Arbeitszeitabrechnung pro Stempelkarte beträgt monatlich 30 Minuten pro Person.
3. Die Investition soll innerhalb von 2 Jahren wieder eingespart worden sein (Amortisationszeit).

Investitionen und Kosten

1. Technik
   - 1 AZEV-Rechner mit Bildschirm, Drucker und abschließbarer Tastatur DM 18.000,00
   - 2 Erfassungsgeräte DM 8.000,00
   - Softwarelizenz DM 12.000,00

   DM 38.000,00

2. Interne und externe Personalkosten
   (Anmerkung: Std=Stunde, Tg=Tag, Wo=Woche)
   - Erstellung eines Kataloges der internen Anforderungen incl. Abstimmung mit dem Betriebsrat
     50 Std x 120,--DM/Std DM 6.000,00
   - Auswahl, Verhandlungen mit Anbietern
     50 Std x 120,-- DM/Std DM 6.000,00
   - Anpassung des Programmes
     3 Tg x 1.200,-- DM/Tg DM 3.600,00
   - Vorbereitung der "Parametrierung", Eingaben der Arbeitszeitmodelle etc.
     50 Std x 120,-- DM/Std DM 6.000,00
     50 Std x 80,-- DM/Std DM 4.000,00
   - Eingaben der Stammdaten
     25 Std x 80,-- DM/Std DM 2.000,00
   - Qualifizierung (Personalkosten)
     2 x 2 Wo x 1.250,-- DM/Wo DM 5.000,00

   DM 32.600,00

3. Sonstige Sachkosten
   - Bildschirmarbeitsplatz DM 2.500,00
   - Verkabelung DM 5.000,00
   - Disketten, Stahlschrank, Material, Karten DM 1.500,00
   - Schulungskosten 2 x 800,-- DM DM 1.600,00

   DM 10.600,00

4. Laufende Kosten
   - Wartungsvertrag, 10% der Technik pro Jahr — DM 3.800,00
   - Raumkosten 5qm x 200,--DM/qm/Jahr — DM 1.000,00
   - Ersatzkarten, Material, Strom etc. pro Jahr — DM 1.000,00

   DM 5.800,00

Investitionen und laufende Kosten für zwei Jahre: **DM 92.800,--**

Einsparung

1. Personalkosten
   1. Einsparung bei der Arbeitszeitberechnung (Differenz zwischen der bisher manuellen Berechnung und Verwaltung der Karten und der jetzigen Pflege der Daten einschließlich Nachbuchungen etc. auf dem Computer) 0,5 Std/Person/Monat x 60 Personen (bisher) x 12 Mon. x 80,-- DM /Std pro Jahr (das entspricht 1/4-Verwaltungsstelle) — DM 28.800,00
   2. eine halbe Pförtnerstelle pro Jahr — DM 30.000,00

2. Sachkosten
   1. Wartung Stechuhren, Karten etc. pro Jahr — DM 1.200,00

   Gesamt für zwei Jahre: **DM 120.000.00**

Tagesablauf (Beispiel)

TeilnehmerInnen-Übung:

Bitte bearbeitet dieses Arbeitsblatt unter folgenden Fragestellungen:

a. Was wird der Personalabteilung über Frau Kohl an diesem Tag bekannt mit und ohne Computer, was Frau Kohl möglicherweise nicht möchte?

b. Wie würde sich Frau Kohl möglicherweise anders verhalten, wenn sie wüßte, daß das bekannt würde?

Zählt jeweils 2 bis 3 Beispiele auf (Zeitbedarf 10 Minuten).

Für Frau Kohl gilt folgendes Arbeitzeitmodell

Gleitzeit: zwischen 8:00 und 18:00 Uhr (15 Minuten unbezahlte Frühstücks- und 30 Minuten unbezahlte Mittagspause zwischen 12:oo und 14:oo Uhr)
Kernzeit: 8:45 Uhr bis 15:30 Uhr ohne Mittagspause

1. Frau Kohl kommt um 8:32 Uhr am Parkplatz an.
2. Frau Kohl trifft Frau/Herrn Meier und tratscht.
3. Frau Kohl passiert um 8:42 Uhr das Werkstor.
4. Oder: Frau Kohl hat ihre Karte zu Hause vergessen und kann daher am Werktor nicht buchen.
5. Frau Kohl schaltet um 8:51 Uhr das Bildschirmterminal ein und startet das Sachbearbeitungsprogramm.
6. Frau Kohl fällt um 9:42 Uhr ein, daß sie das Licht am Auto hat brennen lassen. Sie verläßt ihren Arbeitsplatz, passiert das Werkstor um 9:45 Uhr (Gehen) und kommt um 9:48 Uhr zurück (Kommen).
7. Heute ist Streß:
Frau Kohl macht heute keine (unbezahlte) Frühstückspause.
8. Frau Kohl bringt die neue Gewerkschaftssatzung zu Frau Z. in die EDV-Abteilung (10:12 Uhr).
9. Frau Kohl geht zur Telex-Abteilung (11:05 Uhr) und kehrt zurück (11:18 Uhr). Sie hat Vorlagen dort vergessen (11:22 Uhr 11:26 Uhr).
10. Sie macht Pause von
    - 12:15 Uhr bis 12:48 Uhr
    oder: von
    - 12:10 Uhr bis 12:38 Uhr.
11. Oder: Sie macht wegen Terminen Pause
    - 13:41 Uhr bis 14:11 Uhr
12. Sie muß Farbbänder holen vom Büromittelhaus gegenüber (Gehen: 14:12 Uhr, Kommen: 14:38 Uhr).
13. Kaffee ist alle, Frau Kohl geht in die Kantine, neuen zu holen (14:59 Uhr).
14. Frau Kohl geht zum Arzt, um eine Blutprobe machen zu lassen, da das Labor nur zu bestimmten Zeiten geöffnet hat, während der Arbeitszeit (Gehen: 15:03 Uhr).
15. Oder: Frau Kohl kriegt Kopfschmerzen und geht um 14:12 Uhr.
16. Oder: Frau Kohl geht um 13:15 Uhr zur Betriebsversammlung in der Stadthalle, die um 14:00 Uhr beginnt.

Zweck eines AZEV-Systems (Beispiel)

Angestrebt ist eine möglichst automatisierte und komfortable Erfassung der entsprechenden Betriebsdaten (z.B. im abrechnungsintensiven Schichtbetrieb) und eine Bereitstellung der Daten für betriebliche Verwaltungsprogramme, insbesondere für die Lohn- und Gehaltsabrechnung.

Desweiteren sollen den Personal- und Abteilungsleitungen geeignete Managementfunktionen (Anwesenheitsprotokoll, Fehlzeitenstatistik, etc.), als auch den Mitarbeitern geeignete Kontrollfunktionen (Mitarbeiterprotokolle) zur Verfügung gestellt werden.

Vor allem aber zwingt die in den letzten Jahren zunehmend erprobte Abkehr von starren Arbeitszeiten (Gleitzeit), sowie das sich noch verschärfende Problem der Verkürzung und weiteren Flexibilisierung der Arbeitszeiten, die meisten Betriebe dazu, in diesem Bereich eine geeignete Rationalisierungsinvestition zu tätigen.

Lehreinheit 2

Aufbau und Funktionsweise von AZEV-Systemen

Inhalt

Lernziele	2–3
Kurzzugang	2–5
Langfassung	
AS 1 Hardware	2–7
AS 2 Daten und Datenfluß	2–10
AS 3 AZEV-Programme	2–14
AS 4 Technische AZEV-Lösungen	2–15
AS 5 Verknüpfung mit anderen EDV-Anwendungen	2–17
Arbeitstransparente 4201 bis 4208	2–23
Arbeitsblätter 4201 bis 4211	2–40

Aufbau und Funktionsweise

Lernziele

In der Regel kann nicht davon ausgegangen werden, daß die TeilnehmerInnen Erfahrungen mit dem Einsatz von EDV-Systemen haben. Es müssen also auch Lernziele aus dem Bereich EDV-Grundwissen berücksichtigt und Grundbegriffe vermittelt werden, soweit sie für die Problematik von AZEV-Systemen erforderlich sind. Allerdings kann dieses Seminar nicht das technische Grundwissen des Grundbausteins (vgl. Band 1, z.B. Lehreinheit 2) vermitteln. Der/die ReferentIn wird sich also weitgehend auf AZEV-spezifische Sachverhalte konzentrieren müssen. Sollte genügend Zeit für eine Vertiefung der »Technik« vorhanden sein, wird auf den o.g. Grundbaustein, Lehreinheit 2 und 3 einschließlich der dort vorhandenen Folien und Arbeitsmaterialien, verwiesen.

Im einzelnen sollen die TeilnehmerInnen

– wesentliche EDV-Begriffe verstehen und eigenständig anwenden können, insbesondere:
  - Hardware
  - Software
  - Zentraleinheit
  - Programm
  - Daten, Datei
  - Bewegungsdaten, Stammdaten
  - Schnittstelle,
– die Aufgaben und Funktionsweise des »speziellen Computersystems« AZEV-System begreifen, um die Wichtigkeit von weiteren Informationen zur geplanten AZEV-Technik einschätzen zu können,
– die typischen Datenflüsse im AZEV-System kennenlernen und diese Kenntnisse auf ihr geplantes AZEV-System anwenden können, um damit zusammenhängende Regelungsprobleme angehen zu können sowie
– daraus ableiten können, welche Informationen bzw. Unterlagen über »ihr« geplantes AZEV-System für ihre Interessen hilfreich oder sogar erforderlich sind.

Die TeilnehmerInnen sollen darüber hinaus erkennen,

1. welche Möglichkeiten der Vernetzung es gibt und was Integration bedeutet,
2. mit welchen anderen EDV-Anwendungen AZEV-Systeme vernetzt oder integriert werden können und
3. welche Risiken hinsichtlich Kontrollpotential und Rationalisierungsmöglichkeiten für die Beschäftigten und den Betriebsrat damit verbunden sind.

Dies sind notwendige Voraussetzungen für die Einschätzung der TeilnehmerInnen, welche Informationen der Betriebsrat sich über die Planungen der Geschäftsleitung und die technischen Möglichkeiten der vorgesehenen EDV-Systeme beschaffen muß, um Gestaltungsmöglichkeiten und Risiken abschätzen zu können.

Für den Arbeitsschritt »Verknüpfung« sind bei zweitägiger Seminardauer 50 Minuten vorgesehen. Hierauf ist auch die didaktische Beschreibung in der Kurzfassung ausgelegt. In diesem Falle kann entweder nur die Verknüpfung zu den Personalinformationssystemen oder alternativ zur Betriebsdatenerfassung ausführlicher behandelt werden. Die insgesamt in diesem Arbeitsschritt beschriebenen Lerninhalte eignen sich jedoch auch für eine Vertiefung in einer bis zu dreistündigen Lehreinheit: So ist zum Thema Vernetzung mit Personalinformationssystemen eine etwa einstündige Arbeitsgruppe zusätzlich ausgearbeitet; bei detaillierter Behandlung der anderen Verknüpfungen ist mindestens eine weitere Stunde erforderlich. Kommt es zu Zeitschwierigkeiten, so sollte der Arbeitsschritt »Verknüpfung« auf den Überblick reduziert werden.

Aufbau und Funktionsweise 2–5

Kurzzugang

Lerninhalte	Methodisch-didaktische Hinweise
AS 1 Hardware	Lehrgespräch
1.1 Komponenten	Folien 1208, 1219, 4201 mit Overlay 1, 4202, 4203 mit Overlay 1; alternativ: Partnerarbeit mit Lexikon, Herstellerunterlagen
1.2 Konfiguration	Folie 4203 mit Overlay 1 oder 2
1.3 Geräteaufstellungsplan	Folie 4204
1.4 Marktübersicht	
	Zeitbedarf: ca. 20 Min.
AS 2 Daten und Datenfluß	Lehrvortrag
2.1 Buchungsvorgang	Folien 4205, 4206 mit Overlay 1 und 2
Identifikationsdaten Buchungssätze und -datei	Folie 4206 mit Overlay 2
2.2 Tagesverarbeitung Personalstammdaten Arbeitszeitkonten	Arbeitsblätter 4201 bis 4206 eventuell Demonstration am Echtsystem
	Zeitbedarf: ca. 25 Min.
AS 3 AZEV-Programme	Lehrgespräch
3.1 Programmaufbau	Arbeitsblätter 4207, 4208
3.2 Auswertungsmöglichkeiten	Arbeitsblatt 4209
3.3 Marktübersicht	
	Zeitbedarf: ca. 15 Min.
AS 4 Technische AZEV-Lösungen	Lehrvortrag
4.1 Einzelne Erfassungsgeräte	Folie 4203
4.2 Datensammler	Overlay 1
4.3 PC-Lösung	Overlay 2
4.4 PC-Lösung oder Datensammler mit Hostanbindung	Kombinationen von Overlay 1, 2 und 3
4.5 Sonstige Anwendungen auf demselben Computer	
	Zeitbedarf: ca. 15 Min.
AS 5 Verknüpfung mit anderen EDV-Anwendungen	Lehrgespräch mit Verwendung von Tafel, Flipchart etc. oder Folie 4207 mit Overlay 1 oder 2

5.1 Vernetzung und Integration Überblick	Je nach Interessenschwerpunkt Auswahl einer der folgenden Verknüpfungen zur vertiefenden Behandlung
5.2 Verknüpfung zu Personalinformationssystemen (PIS) zum Zwecke der Lohn- und Gehaltsabrechnung	Variante 1: Lehrgespräch evtl. mit Folien und Material aus Band 2
	Variante 2: Gruppenübung gemäß Arbeitsblatt 4210 (Zeitbedarf: ca. 30 Min.)
5.3 Verknüpfung zu Betriebsdatenerfassungssystemen (BDE)	
5.4 Verknüpfung zu Fertigungssteuerungs- und PPS-Systemen	Folie 4112
5.5 Verknüpfung zur Zugangskontrolle	Folien 4208, 4204 Teilnehmermaterial in Arbeitsblatt 4211
	Zeitbedarf (bei Auswahl **einer** EDV-Anwendung): ca. 50 Min.
	Gesamter Zeitbedarf: ca. 125 Min.

Aufbau und Funktionsweise 2–7

Langfassung

1. Hardware

Als Hardware werden die Teile eines Computersystems bezeichnet, die man »anfassen und sehen« kann (vgl. auch Band 1, **Folie 1208**).

1.1 Komponenten

AZEV-Systeme als spezielle Computer-Anwendungen bestehen aus folgenden Komponenten (vgl. auch Band 1, **Folie 1219**).

- Zentraleinheit:
  Die Zentraleinheit enthält den Prozessor und den Arbeitsspeicher. Wie in anderen Computersystemen auch bildet die Zentraleinheit das Kernstück des Systems, das die Verarbeitung der Daten aus den verschiedenen Endgeräten in Programmen ermöglicht. In vielen Fällen wird für AZEV-Systeme ein »Prozeßrechner« gewählt, der eine besonders schnelle Antwortzeit auf eingehende Meldungen erlaubt. Bei eingehenden Buchungen muß nach Prüfung der Buchungsberechtigung möglichst schnell eine »Quittierung« an das Erfassungsgerät zurückgeschickt werden.
- Festplattenspeicher:
  Hier sind alle benötigten Programme und Daten (vgl. AS 2) des AZEV-Systems gespeichert. Sie bleiben – im Gegensatz zu den Speicherinhalten der Zentraleinheit – auch bei Abschalten des Stroms bzw. bei Stromausfall erhalten.
- Diskettenlaufwerk oder Bandlaufwerk:
  Zur Sicherung von Daten für den Fall eines Plattenfehlers oder bei nicht genügender Kapazität der Festplatte werden oft »Sicherungskopien« auf Disketten oder Sicherungsbändern angefertigt. Dafür benötigt man ein Laufwerk, aus dem man die genannten Datenträger wieder entfernen und beispielsweise in Datensafes oder Stahlschränken aufbewahren kann. Problematisch aus Sicht der Beschäftigten ist, daß Sicherungsdisketten oder -bänder mit Personal- oder Arbeitszeitdaten auch auf anderen Computern für beliebige Zwecke weiterverarbeitet werden können. Auch wenn der Computer isoliert (stand alone) eingesetzt wird, ist in der Regel ein Laufwerk mit wechselbaren Datenträgern erforderlich, schon um Programme oder neue Programmversionen zu laden. Dies erfordert spezielle Regelungen unter Beteiligung des Betriebsrates, z.B. in einer Betriebsvereinbarung (vgl. Lehreinheit 6).
- Bildschirm, Tastatur:
  Mindestens ein Bildschirmarbeitsplatz muß an den AZEV-Rechner angeschlossen sein, um Korrekturbuchungen durchzuführen, Auswertungen anzustoßen, Stammdaten einzugeben etc. AZEV-Systeme unterhalb dieser Ebene werden im weiteren nicht behandelt.
- Drucker:
  Auch der Anschluß mindestens eines Druckers ist in der Regel erforderlich. Auf dieses Gerät gibt das AZEV-System einerseits wichtige Meldungen aus, für die eine

Ausgabe auf dem Bildschirm nicht ausreichend ist (beispielsweise das Systemprotokoll). Andererseits werden aber auch Listen und Übersichtsblätter ausgedruckt, die weitergegeben werden sollen (beispielsweise die Buchungsdokumentation für die einzelnen Beschäftigten, aber auch Statistiken). Bei AZEV-Systemen, welche die Buchungssätze nicht über den Tagesabschluß hinaus speichern, werden auf einem Drucker auch alle eingehenden Buchungen ausgedruckt (beispielsweise beim System Datamod von Hengstler).

- Erfassungs- oder Zeitterminals:
  Kennzeichnend für AZEV-Systeme sind die Geräte, an denen die Beschäftigten ihre Buchungen mit Codekarten eingeben müssen. Sie sind in der Regel in der Lage, bei Ausfall des AZEV-Rechners für einige Stunden Buchungen selbständig zu speichern und später an den AZEV-Rechner weiterzugeben. Oftmals sind sie auch in der Lage, dem/der Buchenden Informationen aus dem AZEV-System mitzuteilen, beispielsweise eigene Zeitkontenstände. Die Erfassungsterminals bestehen in der Regel aus einem Ziffernblock, einer Funktionstastatur, einer oder mehreren Ausgabezeilen, einem Kartenleser und einem Gehäuse mit Uhr und Buchungsspeicher (vgl. **Folie 4201** mit **Overlay**).
  Eine besondere Form von Buchungsterminals sind die »druckenden Terminals« (vgl. **Folie 4202**). Diese verfügen zusätzlich über die Eigenschaft, jede Buchung auf dem Buchungsausweis – d.h. der Stempelkarte – aufzudrucken. Das hat für die betroffenen Beschäftigten den Vorteil, daß sie jederzeit einen Überblick über die letzten Buchungen haben. Bei Einsatz von druckenden Terminals müssen die einzelnen Buchungszeitpunkte (Kommt-/Geht-Zeiten) auch nicht mehr über den Tagesabschluß (d.i. die Verbuchung in Zeitkonten für jeden Beschäftigten) hinaus gespeichert werden. Auf diese Problematik geht ausführlich LE 4 ein.

- Vorrechner, Datensammler oder Konzentratoren:
  Gelegentlich sind die Erfassungsgeräte nicht direkt an den AZEV-Rechner angeschlossen, sondern mehrere Erfassungsgeräte werden zunächst über einen Vorrechner oder Datensammler zusammengefaßt (vgl. **Folie 4203** mit **Overlay 1**). Technisch gesehen ist dieser Vorrechner selbst wieder mit einer Zentraleinheit ausgestattet und stellt daher einen kleinen Computer dar, ohne daß ein Bildschirm oder Drucker angeschlossen sein muß. Für Betriebsräte hat diese Tatsache kaum eine Bedeutung, es sei denn, die Geschäftsleitung leitet daraus »Sachzwangargumente« her.

1.2 Konfiguration

Die Anordnung der Komponenten und ihre wechselseitigen Beziehungen ergeben einen »Konfigurationsplan«: Darauf sind alle Hardwarekomponenten und ihre Verbindungen untereinander dargestellt. Insbesondere sollte auch für jede Komponente der Aufstellungsort vermerkt sein. Der Konfigurationsplan ist eine – sehr übersichtliche – aussagekräftige Unterlage über Planungen der Geschäftsleitung und sollte auf jeden Fall angefordert werden. Gelegentlich behauptet in diesem Falle die Geschäftsleitung, daß ein Konfigurationsplan nicht angefertigt worden sei. Der Betriebsrat kann jedoch verlangen, daß er erstellt wird. Dabei ist nicht die druckreife Qualität entscheidend, sondern die Aussagefähigkeit. Auch Schnittstellen zu anderen Computeranwendungen und Rechnersystemen sind aus dem Konfigurationsplan ersichtlich. Ein Beispiel für einen Konfigurationsplan ist **Folie 4203** mit **Overlay 1** oder **2**. Die Aufstellungsorte wurden hier weggelassen.

1.3 Geräteaufstellungsplan

Eine für den Betriebsrat und die Beschäftigten sehr wichtige Frage ist die nach den Aufstellungsorten der Erfassungsgeräte: Einerseits sollen die betroffenen Beschäftigten keine »unbezahlten« Umwege laufen müssen, andererseits sollen – je nach Regelung im Tarifvertrag – Wegezeiten ab Werktor bezahlt werden. Durch die Kosten der Anschaffung der Erfassungsgeräte sind die Arbeitgeber oftmals geneigt, zu wenige Geräte aufzustellen, so daß es zu Warteschlangen kommen kann.

Die übersichtlichste Unterlage für den Betriebsrat ist ein Plan des Betriebsgeländes, in den die Aufstellungsorte für die geplanten Terminals eingezeichnet sind (Geräteaufstellungsplan, vgl. **Folie 4204**).

1.4 Marktübersicht

In einigen wenigen Fällen sind besondere Computer mit entsprechenden Zentraleinheiten für bestimmte AZEV-Systeme erforderlich; in der Regel werden jedoch die AZEV-Systeme so konstruiert, daß sie auf im Handel verfügbaren Computersystemen ablauffähig sind.

Standardmäßig verwendet man zur Zeit PCs als Zentraleinheit, die als Gerät ca. 5000 bis 15000 DM kosten. Es gibt jedoch auch »kleinere« Lösungen, AZEV-Systeme auf mittleren Rechnern (beispielsweise AS 400 von IBM zum Preis von ca. 100 bis 500 TDM) sowie Großrechnersoftware.

Die Verwendung von PCs für die Verarbeitung von Personaldaten ist aus grundsätzlichen Erwägungen problematisch (vgl. auch weiter unten).

Zur vertieften Stoffbehandlung (aber auch zur Vorbereitung) wird auf Band 1 Lehreinheit 2 mit den dazugehörigen Folien, insbesondere **Folie 1208** und **1219** verwiesen. Da die Bedeutung der Grundbegriffe auch in beliebigen Computerlexika (vgl. Literaturhinweise) nachgeschlagen werden kann, beschränkt sich der Text auf die Spezifika von AZEV-Systemen. Als Vermittlungsmethode wird der Lehrvortrag – unterstützt durch die angegebenen Folien – vorgeschlagen.

Alternativ bietet sich folgendes Verfahren an: Jeder schreibt z.B. drei Begriffe, die erklärt werden sollen, auf Karteikarten. Die Karten werden an der Wandtafel in der Reihenfolge angeordnet, in der die Begriffe behandelt werden sollen. Um die nachfolgenden Ergebnisse zu sichern, wird den TeilnehmerInnen empfohlen, ein sogenanntes »Begriffeblatt« mit diesen wichtigsten EDV-Grundbegriffen (auf der linken Spalte) anzulegen. In zehnminütiger Partnerarbeit (Zweiergruppen) erarbeiten sich die TeilnehmerInnen anhand eines Lexikons arbeitsteilig die wichtigsten

> Grundbegriffe selbst und tragen sie anschließend frei vor. Dies stellt zugleich eine Einübung im selbständigen Gebrauch von externen Hilfsmitteln durch den Betriebsrat dar. Das Lexikon »Durchblick« (Zimmermann 1985) erläutert nicht nur wichtige EDV-Begriffe, sondern hebt auch ihre Bedeutung für Arbeitnehmervertreter hervor. Der/die ReferentIn ergänzt die Ergebnisse der Partnerarbeit um die Spezifika von AZEV-Systemen.
>
> Im Verlauf dieses und der folgenden Arbeitsschritte füllen die TeilnehmerInnen ihr »Begriffeblatt« mit den entsprechenden Erklärungen, und die Karteikarten auf der Wandtafel wandern von der »Soll«- auf die »Habenseite«.
>
> Wenn ein PC vorhanden ist, sollte die entsprechende Hardware gezeigt werden. Ist dies nicht der Fall, können Fotos, Dias oder Filmausschnitte als Anschauungsmaterial hinzugezogen werden. Darüber hinaus wird die Verwendung von Prospekten und Leistungbeschreibungen der Hersteller empfohlen. Beim Gebrauch der **Folie 4203** mit **Overlays** als Beispiel für einen Konfigurationsplan ist darauf hinzuweisen, daß die einzelnen Komponenten im AS 4 ausführlicher erläutert werden.

2. Daten und Datenfluß

Im folgenden werden die durch das AZEV-System erfaßten Daten und Datenflüsse im Zusammenhang mit den beiden Verarbeitungsphasen »Buchungsvorgang« und »Tagesabschlußprogramm« dargestellt (**Folie 4205**).

2.1 Buchungsvorgang

AZEV-Systeme machen es zwingend erforderlich, daß zumindest Arbeitsbeginn und Arbeitsende, möglicherweise auch Unterbrechungen etc. dem System »maschinenlesbar« mitgeteilt werden. Es müssen also Buchungsvorgänge stattfinden. Der Buchungsvorgang geschieht in folgender Reihenfolge:

Am Erfassungsgerät identifiziert sich der/die Beschäftigte durch einen codierten Ausweis gegenüber dem AZEV-System (vgl. **Folie 4206**). Bei den codierten Ausweisen kann es sich sowohl um die bekannten Magnetkarten (Beispiel EC-Karte) als auch um Karten mit Bar-Code (Beispiel EAN-Code für die Warenhauskassen) oder um codierte Stempelkarten handeln. In der Regel muß bei der Buchung angegeben werden, um welche Buchungsart (beispielsweise »Gehen« oder »Kommen«) es sich handelt. Das geschieht entweder durch die Richtung des Durchziehens einer Codekarte oder durch Tastatureingabe (**Folie 4206** mit **Overlay 1**).

Die Reaktion des AZEV-Systems hängt im einzelnen natürlich vom Programm ab; meist wird zunächst die logische Richtigkeit der Buchung geprüft. So wird z.B. eine zweimalige Gehen-Buchung für die gleiche Person mit einem Fehlersignal in der Ausgabezeile quittiert. Darüber hinaus kann auch das Öffnen einer Tür oder das Freigeben eines Drehkreuzes von der positiven Quittierung der Buchung abhängen. Ebenso ist es technisch möglich und wird gelegentlich praktiziert, daß an einer

Aufbau und Funktionsweise 2–11

Anwesenheitstafel Lampen hinter dem Namen der angekommenen Person aufleuchten oder in besonderen Fällen Alarm ausgelöst wird.

Um die Buchung für die spätere Berechnung der korrekten Arbeitszeit verwenden zu können, wird der entsprechende **Buchungssatz** gespeichert. Unter Zuhilfenahme der zu jeder Person gespeicherten Stammdaten fügt später ein Tagesabschlußprogramm die zusammengehörigen »Buchungspaare« zusammen und berechnet daraus die entsprechenden Zeitkontenstände.

Identifikationsdaten

Auf der Ausweiskarte sind unveränderbar einige Identifikationsdaten gespeichert: Neben einem Code für das verwendete AZEV-System (um die Benutzung derselben Karte in einer anderen Firma mit dem gleichen AZEV-System zu verhindern) ist zumindest eine Identifikationsnummer für die/den zugehörige/n Beschäftigte/n fest gespeichert. Diese Nummer muß mit der Identifikation im AZEV-System übereinstimmen. Es kann sich hierbei um die Personalnummer, aber auch eine andere Identifikation handeln. Zu beachten ist, daß diese Nummer oftmals bereits Informationen über die Person enthält.

Beispiel: Pers-Nr. 190758-B-1224
»Person ist am 19. 7. 1958 geboren«
»Name der Person fängt mit ›B‹ an«

Zusätzlich ist oftmals auf der Codekarte eine **Versions-Nr.** enthalten, die es erlaubt, bei Kartenverlust eine neue Karte mit einer höheren Versions-Nr. auszugeben, wodurch automatisch die alte (verlorene) Karte ungültig wird.

Wenn auf der Identifikationskarte keine Veränderungen vorgenommen werden können, ist der genaue Inhalt in der Regel für Betriebsräte nicht erheblich.

Buchungssätze und -datei

Beim Buchen an den Erfassungsgeräten wird ein Datensatz erzeugt, der folgende Daten enthalten kann:

– Uhrzeit, Datum
– Personalnummer
– Buchungsart, beispielsweise »Kommen« oder »Gehen«
– Buchungsgrund per Tastatureingabe, beispielsweise »Arztgang«
– manchmal: Ort, Terminalnummer
– Nummer des Buchungssatzes

Die beiden letzten Angaben sind für die Abrechnung überflüssig.

Die Systematik zur Bildung eines Buchungssatzes zeigt **Folie 4206, Overlay 2**.

Diese Buchungen werden in einer Buchungsdatei gespeichert. Die Buchungen bzw. der Aufbau der Buchungsdatei sind für den Betriebsrat sehr wesentlich, weil daraus hervorgeht, welche Daten in welcher Form gespeichert werden: Beispielsweise ist für die Berechnung der Arbeitszeiten die Speicherung des Ortes, an dem gebucht worden ist, bzw. die Terminalnummer nicht erforderlich. Diese Daten können jedoch im Hinblick auf Leistungs- und Verhaltenskontrollen von Bedeutung sein.

Buchungen können auch vom Bildschirmarbeitsplatz über Tastatur eingegeben werden (meistens: Korrekturbuchungen oder Ersatzbuchungen). In diesem Fall sollte in der Buchungsdatei allerdings vermerkt sein, daß es sich um eine »manuelle Buchung« handelt.

Die Buchungsdatei kann unabhängig von der Tagesauswertung und Verrechnung auf die Zeitkonten auch getrennt (evtl. zu anderen Zwecken) ausgewertet werden, was jedoch zur Abrechnung nicht erforderlich ist.

Bei den in der Buchungsdatei gespeicherten Zeitbuchungen handelt es sich um sogenannte »Bewegungsdaten«. Im Gegensatz zu den Personalstammdaten ändern sie sich in der Regel täglich und sind außerordentlich zahlreich. Zu den Bewegungsdaten zählen außerdem die Arbeitszeitkontendaten, die weiter unten beschrieben werden.

2.2 Tagesverarbeitung

In der Regel wird zum Ende eines Arbeitstages eine Tagesverarbeitung »gestartet«, in der die Zeitbuchungen auf Zeitkonten, Lohnarten etc. verrechnet werden. Die dabei anzuwendenden Regeln sind in den Personalstammdaten enthalten. Die Gesamtheit der Verarbeitungsregeln für eine bestimmte Personengruppe nennt man auch »Arbeitszeitmodell«.

Personalstammdaten

Stammdaten sind dadurch gekennzeichnet, daß sie sich nicht oder nur selten ändern. Für die Abrechnung erfaßter Arbeitszeiten sind erforderlich:
1. Personalnummer
2. Name
3. Arbeitszeitmodell für die Person X. Hier wird für jeden einzelnen Tag festgelegt,
   - wann X kommen und gehen soll,
   - wie lange die Soll-Arbeitszeit dauert,
   - wann welche Pausenzeiten subtrahiert werden,
   - an welchen Erfassungsgeräten gebucht/nicht gebucht werden darf etc.

Für jedes Einzeldatum muß überlegt werden, ob es für die vorgesehenen Zwecke (i.d.R. Arbeitszeitverwaltung für Lohn- und Gehaltsabrechnung) benötigt wird. AZEV-Systeme lassen oft sehr viele Stammdateneinträge zu, darunter auch variable wie z.B. besondere Kennzeichen oder Merkmale.

Personalstammdaten sind deswegen problematisch, weil sie später als Auswertungsmerkmale (Selektoren) für die Auswertungen von Bewegungsdaten dienen können (vgl. hierzu auch Lehreinheit 3).

Aufbau und Funktionsweise

Stammdaten werden auch bezogen auf den Betrieb eingetragen, der das AZEV-System verwendet, so z.B. die zugrundeliegenden Zeiteinheiten (Minuten, Industrieminuten, 3-Minuten-Intervalle).

Arbeitsblatt 4201 gibt ein Beispiel für eine Stammdatenmaske.

Arbeitszeitkonten

Arbeitszeitkonten werden eingeteilt in Anwesenheitskonten und Abwesenheits- oder Fehlzeitenkonten. Bei Anwesenheitszeitkonten werden die verschiedenen Zuschlagsarten berücksichtigt, beispielsweise Mehrarbeit 50 Prozent an Samstagen, Mehrarbeit 100 Prozent an Feiertagen. Die Vielzahl angelegter Fehlzeitenarten wird oftmals mit Lohnarten begründet. Dabei ist für die Personalabteilung die »Ursachenforschung« mindestens genauso wichtig (vgl. **Arbeitsblatt 4102**).

Die Information, welche Arbeitszeitkonten, insbesondere welche Fehlzeitenkonten für jede Personengruppe geplant sind, ist für den Betriebsrat außerordentlich wichtig. Ein Beispiel für Fehlzeitenarten wurde in **Arbeitsblatt 4202** abgebildet. Die einzelnen Fehlzeitenarten (von 01 bis 99) werden dort hinsichtlich ihrer Verbuchungseigenschaften (Urlaubstage, Stundengutschriften, Lohnarten etc.) definiert. Auch die Arbeitszeitkonten zählen natürlich zu den Bewegungsdaten.

Arbeitsblatt 4203 zeigt, wie nach einem bestimmten Arbeitszeitmodell (hier: Gleitzeitangestellte) für eine bestimmte Person (hier: Frau Helga Kohl) für einen bestimmten Tag die Arbeitszeitkonten zu verbuchen sind. Hier werden die festgelegten Tagessollzeiten und die aktuelle Nettoanwesenheitszeit auf den entsprechenden Konten aufsummiert, auf den anderen Konten gibt es keine Veränderung (vgl. **Overlay**).

Im AZEV-System sind die Arbeitszeitmodelle als Wochenpläne und Tagespläne hinterlegt. **Arbeitsblatt 4204** zeigt den zugehörigen Wochenplan, in dem die Beschäftigten nicht im Schichtdienst arbeiten. Ihre Arbeitszeit setzt sich aus vier Gleittagen – Montag bis Donnerstag – (gemäß Tagesplan Nummer 001), einem Gleittag – Freitag – (gemäß Tagesplan Nummer 002) und zwei Wochenendtagen zusammen. **Arbeitsblatt 4205** zeigt das Muster für den Tagesplan Nummer 001. Hier sind Kernzeiten, Sollstunden, Behandlung von Dienstgängen und Lage der Mittagspause definiert. Eine mindestens 30minütige Mittagspause wird abgezogen. Überstunden werden nur zwischen 17.00 und 19.00 Uhr berechnet. Bei einem Dienstgang am Anfang oder Ende der Arbeitszeit setzt das System automatisch 8.00 Uhr bzw. 15.00 Uhr als Ersatzbuchungen ein. Die »Lohnart Normalstunden 0501« entspricht dem Grundlohn für Normalarbeitsstunden (bezüglich Lohnartenkonten vgl. **Arbeitsblatt 4206**).

Arbeitsschritt 2 wird durch einen Lehrvortrag vermittelt. Den Zusammenhang zwischen den beiden genannten Verarbeitungsphasen und allen benötigten Daten stellt **Folie 4205** her, die schrittweise entwickelt wird oder als Zusammenfassung des Arbeitsschrittes dient. **Folie 4206** mit **Overlays** zeigt in ihren verschiedenen Entwicklungen die Entstehung eines Buchungssatzes während des Buchungsvorganges. **Folie 4205** eignet sich (auf der rechten Seite) zum Notieren der verschiedenen Daten.

> Die Begriffe Buchungsdatei, Stammdatenmaske, Fehlzeitenarten und Arbeitszeitmodell werden exemplarisch an den **Arbeitsblättern 4201** bis **4206** veranschaulicht. Steht ein echtes AZEV-System zur Verfügung, so können diese Begriffe durch eine Demonstration gemäß den genannten Arbeitsblättern veranschaulicht werden. In beiden Fällen sollte das Flipchart »Benötigte Informationen« (vgl. LE 1, AS 2) um die Begriffe Buchungsdatei, Stammdaten, Zeitkonten, Fehlzeitenarten und Arbeitszeitkonten ergänzt werden.

3. AZEV-Programme

Bis auf Ausnahmefälle vertreiben Softwarehäuser oder Computerhersteller AZEV-Programme inzwischen als Standardprodukte – auch für verschiedene Branchen.

3.1 Programmaufbau

AZEV-Programme werden in der Regel auf Disketten oder Bändern angeliefert. Das Produkt IPEV von Hengstler besteht beispielsweise aus 8 Disketten. Oftmals sind sie modular aufgebaut. Einzelne Programmteile werden entweder mit gekauft und dann auch mit geladen oder eben nicht mitbestellt, nicht bezahlt und daher auch nicht verwendet. Beispielsweise sind im AZEV-System IPEV die Module »Personalplanung« und »Personalauswertung« gesondert zu bestellen. Jede einzelne List-Auswertung muß gesondert bezahlt werden (siehe auch **Arbeitsblatt 4207**).

Bei dialogorientierten Programmen sind alle Anwendungen über Menüs anwählbar: In der Leistungsbeschreibung oder im Systemhandbuch sind Menü-Bäume abgebildet, aus denen der Betriebsrat systematisch die Möglichkeiten ersehen kann, die das System bietet. Ein Beispiel gibt **Arbeitsblatt 4208**.

3.2 Auswertungsmöglichkeiten

Über das Tagesprogramm hinaus sind in der Regel statistische und andere Auswertungsmöglichkeiten im AZEV-System vorgesehen. Für die Abrechnung der Arbeitszeiten und die entsprechende Dokumentation für die Beschäftigten sind in der Regel nur zwei solcher Auswertungen erforderlich:

Mitarbeiterprotokoll (oder ähnlich genannt):
Für alle Beschäftigte, die über das AZEV-System abgerechnet werden, wird je ein Ausdruck mit allen Buchungen und allen Zeitkontoständen ausgedruckt.

Fehlerprotokoll:
Am folgenden Tag oder in anderen Abständen listet das AZEV-System alle logischen Fehler auf, die durch die Buchungspraxis entstanden sind, beispielsweise zwei aufeinanderfolgende Gehen- oder Kommen-Buchungen. Dabei ist vom Betriebsrat auch darauf zu achten, daß unter »Fehlerliste« keine »Verfehlungen gegen die betriebliche Arbeitszeitregelung« fallen, beispielsweise Kernzeitverletzungen.

Eine Übersicht über die im IPEV-System vorhandenen Listen ist in **Arbeitsblatt 4209** verfügbar.

Eine besondere Kategorie von Auswertungen bieten **freie Abfragesprachen**, bei denen der/die BenutzerIn – meist in der Personalabteilung oder Lohnabrechnung – selber entscheiden kann, nach welchen Merkmalen welcher Kreis von Beschäftigten wie ausgewertet werden soll. Hierzu sind keine oder kaum Programmierkenntnisse erforderlich. Dieser Sachverhalt wird in Lehreinheit 3 vertieft.

3.3 Marktübersicht

Inzwischen werden weit über 100 Standard-AZEV-Systeme mit einem Preis zwischen 5000 DM und mehreren 100 000 DM angeboten. Soweit bekannt, wurden sie alle nach den Interessen und Bedürfnissen von Personalabteilungen programmiert und haben schwere Mängel in bezug auf Datenschutz und auf Anforderungen der Interessenvertretung (siehe auch Lehreinheit 4).

Eine relativ vollständige Übersicht findet sich im ISIS-Software-Report (Literaturliste Nr. 6, 7). Eine ausführliche Beschreibung mit vielen Kriterien gibt eine Studie von Ploentzke (Literaturliste Nr. 5). Auch die TBS hat 1988 fünf gängige AZEV-Systeme nach eigenen Kriterien getestet. Diese Studie ist gegen eine Schutzgebühr bei der TBS abrufbar (Literaturliste Nr. 18).

> Arbeitsschritt 3 soll im Lehrgespräch – unterstützt durch die **Arbeitsblätter 4207** bis **4209** – abgehandelt werden. Die angesprochene Menü-Übersicht und eine Übersicht über die Auswertungslisten können bei einem vorhandenen Echtsystem natürlich auch am Bildschirm angezeigt werden. Auf das **Arbeitsblatt 4209** sollte im weiteren Verlauf des Seminars öfter verwiesen werden, da es die Auswertungsmöglichkeiten des Systems zusammenfaßt.

4. Technische AZEV-Lösungen

Computerunterstützte AZEV-Systeme lassen sich durch sehr unterschiedliche Hardwarekonfigurationen realisieren, die im folgenden kurz gegenübergestellt werden.

4.1 Einzelgeräte

Oftmals sind – wie Stromzähler – für jeden Beschäftigten Zähluhren aufgestellt, die nur dann weiterzählen, wenn die persönliche Codekarte eingeführt ist (d.h. während der Arbeitszeit). In diesem Falle entfällt für den Betriebsrat natürlich ein Großteil der Problematik, die dadurch entsteht, daß Daten gespeichert und ausgewertet werden können. Selbstverständlich handelt es sich trotzdem um eine Verhaltenskontrolle, es wird jedoch nur **ein** Datum maschinenunterstützt gespeichert, nämlich die Summe der zu bezahlenden Arbeitsstunden.

4.2 Datensammler

Diese Lösung beruht auf einem Spezialrechner für das AZEV-System, der in der Regel die Buchungsdaten nur bis zur Tagesverarbeitung speichern kann. An den Datensammler werden mehrere Erfassungsgeräte angeschlossen. Er regelt sozusagen im Auftrag des AZEV-Rechners die Kommunikation zwischen Erfassungsgerät und Zentraleinheit (z.B. Berechtigungsprüfung, Anzeige der Gleitzeitkonten etc.). Derartige Spezialrechner sind für andere Zwecke wenig geeignet. Die Problematik ist für den Betriebsrat in der Regel die gleiche wie bei den folgenden Lösungen (vgl. **Folie 4203** mit **Overlay 1**).

4.3 PC-Lösung

Statt eines speziellen Datensammlers wird ein Standard-PC verwendet, auf dem auch andere Anwendungen – beispielsweise Textverarbeitung – ablauffähig sind (vgl. **Folie 4203** mit **Overlay 2**). Inzwischen sind auch vernetzte PC-Lösungen installiert, bei denen jeder PC-Benutzer auf den gesamten oder auf einen übergreifenden Datenbestand zugreifen kann.

4.4 Datensammler oder PC-Lösung mit Hostanbindung

In beiden Fällen wird in der Regel das AZEV-System auf dem PC bzw. per Datensammler betrieben und ein Datenaustausch mit einem größeren, übergeordneten Host-Rechner betrieben (vgl. **Folie 4203** mit entsprechender Kombination von **Overlay 1, Overlay 2** und **Overlay 3**). In diesem Falle sind Aspekte der Vernetzung mit zu berücksichtigen (siehe auch Arbeitsschritt 5).

4.5 Sonstige Anwendungen auf denselben Computern

Auf dem Computer können auch andere Anwendungsprogramme installiert sein, die nichts mit AZEV zu tun haben, beispielsweise

– Textverarbeitung,
– Kostenrechnung.

Problematisch daran ist, daß

– dadurch Beschäftigte, deren Aufgaben den Zugriff auf Arbeitszeit- und andere Personaldaten nicht erlauben – die also keine Zugriffsberechtigung haben –, **technisch** am Zugriff gehindert werden müssen, z.B. durch ein »Zugriffskontrollsystem«. Auf PCs ist das aussichtslos! Der Bundesdatenschutzbeauftragte empfiehlt in seinem Bericht 1990, keine Personaldaten auf PCs zu speichern und zu verarbeiten;
– möglicherweise Auswertungsinstrumente außerhalb des eigentlichen AZEV-Systems zur Weiterverarbeitung von Arbeitszeitdaten genutzt werden könnten, die der Betriebsrat innerhalb des AZEV-Systems gerade verhindern wollte;

Aufbau und Funktionsweise 2–17

– AZEV-Daten mit anderen auf dem Computer vorhandenen Daten verknüpft werden können.

Die Datenschutzprobleme werden in Lehreinheit 4 vertieft behandelt.

> Für Arbeitsschritt 4 ist ein Lehrvortrag unterstützt durch die angegebenen Folien vorgesehen.

5. Verknüpfung mit anderen EDV-Anwendungen

5.1 Vernetzung und Integration: Überblick

Einmal in maschinenlesbare Form gebracht, sind die Arbeitszeitdaten – insbesondere Buchungszeitpunkte und Zeitkonten – auch in anderen Systemen nutzbar. Sie können in Personalinformations- und BDE-Systemen, Kostenrechnungsprogrammen etc. weiterverarbeitet werden. Andererseits sind die in AZEV-Systemen »benötigten« Personalstammdaten (beispielsweise Kostenstelle, Adresse, Geburtsdatum, vgl. auch Arbeitsschritt 2) oftmals bereits in anderen EDV-Systemen erfaßt und sollen nicht »doppelt gepflegt« werden (Begründung von Geschäftsleitungsseite).

Zunehmend werden AZEV-Systeme nicht mehr als getrennte Computeranwendungen eingeplant und eingesetzt, sondern mit anderen Systemen vernetzt oder integriert.

Für AZEV-Systeme bieten sich **Verknüpfungsmöglichkeiten** mit folgenden Anwendungsprogrammen (vgl. **Folie 4207**):

– Personalinformationssysteme (PIS) zur Lohn- und Gehaltsabrechnung,
– Betriebsdatenerfassungssysteme (BDE),
– Produktionsplanungs- und -steuerungssysteme (PPS),
– Zugangskontrollsysteme,
– Telefondatenerfassungssysteme,
– Kantinendatenerfassungssysteme,
– Tankdatenerfassungssysteme.

Für eine Darstellung dieser Anwendungsprogramme, insbesondere in ihrer Funktion als Datenlieferanten, muß auf Band 2 dieser Reihe verwiesen werden (vgl. dort Lehreinheit 2, Arbeitsschritt 3 mit den entsprechenden Folien).

Grundsätzlich ist zu unterscheiden zwischen Vernetzung und Integration von EDV-Systemen.

Unter **Vernetzung** soll dabei verstanden werden, daß Datenbestände ohne manuelle Eingriffe von einem System in das andere übertragen, dort weiterverarbeitet und genutzt werden können. Die Geschäftsleitung macht sich dabei die Eigenschaft von Datenverarbeitungsanlagen zunutze, daß einmal gespeicherte Daten auch von anderen Computern im Prinzip »verstanden« werden können (vgl. **Folie 4207, Overlay 1**).

Dabei ist zu unterscheiden zwischen **dialogorientierten** Vernetzungen und **Stapel-** oder **Batch**-Vernetzungen (heute meist Filetransfer genannt):

- Beim Filetransfer werden zu vorgegebenen Zeitpunkten bestimmte (vereinbarte) Daten von einem System gelesen und im Zielsystem gespeichert. Danach ist die Verbindung zwischen beiden Systemen wieder gekappt.
- Bei dialogorientierten Verbindungen können NutzerInnen an anderen DV-Anlagen oder AnwenderInnen anderer Programme jederzeit (online) auch im AZEV-System gespeicherte Daten lesen, verarbeiten und für ihre eigenen Zwecke nutzen.

Insbesondere in **datenbank**orientierten Systemen geht die Verbindung zwischen verschiedenen DV-Systemen noch weiter: Datenbestände werden nur **einmal** (zentral) gespeichert und von verschiedenen Anwendungssystemen verwendet. In diesem Falle spricht man auch von **Integration** (vgl. **Folie 4207** mit **Overlay 2**). Datenbanken können auch über mehrere vernetzte Rechner verteilt sein. Einige Softwareanbieter vertreiben inzwischen AZEV-Systeme als Modul oder Baustein übergreifender Programmsysteme (beispielsweise IPAS; in Kürze SAP).

Ausgehend von diesem Überblick werden im folgenden Abschnitt die Verknüpfungsmöglichkeiten zu speziellen Anwendungssystemen im Detail beschrieben. Bei der Darstellung der einzelnen Anwendungssysteme stehen jeweils

- die Beschreibung von Verknüpfungsmöglichkeiten und
- die Auswirkung auf Kontroll- und Rationalisierungspotentiale

im Zentrum.

5.2 Verknüpfung zu Personalinformationssystemen zum Zwecke der Lohn- und Gehaltsabrechnung

Als häufigster Fall ist die Vernetzung oder Integration zum Personalinformationssystem (PIS) realisiert, da die Lohn- und Gehaltsabrechnung oft auf bestimmte Daten aus dem AZEV-System angewiesen ist. Natürlich könnten diese Daten auch manuell aus Listen des AZEV-Systems für das PIS erfaßt werden.

In den für Lohn- und Gehaltsabrechnung konzipierten Personalinformationssystemen ist oftmals eine »Negativ-Zeiterfassung« enthalten: Urlaub und Fehlzeiten werden dort über Tastatur eingegeben und ggf. bei der Berechnung von Löhnen und Gehältern berücksichtigt. Diese Funktionen können natürlich auch **nach** AZEV-Einführung dort verbleiben. Ansonsten wird im PIS mit **»Geld«** gerechnet, im AZEV-System mit **Zeit**. Alle Kostenarten- und -stellenrechnungen und die damit verbundenen Daten sind in der Regel für das AZEV-System nicht relevant, beispielsweise auch nicht die Speicherung der **Kostenstellennummern**.

Gelegentlich wird auch die Übertragung von Stammdaten des PIS zum AZEV-System vorgeschlagen, um eine doppelte Pflege (bei Datenänderungen) und damit verbundene mögliche Unstimmigkeiten zu vermeiden. Sucht man jedoch nach Stammdaten, die in beiden Systemen zwingende Verwendung finden, wird man meist feststellen, daß sich dies auf Personalnummer und Namen beschränkt. Alle übrigen Daten werden **entweder** im PIS **oder** im AZEV-System benötigt. Dafür lohnt sich der Aufwand für die Herstellung einer Koppelung selten (vgl. **Arbeitsblatt 4210**).

Durch die Verknüpfung des AZEV-Systems mit einem Personalinformationssystem erhöhen sich insgesamt die mit einem PIS verbundenen Arbeitnehmerrisiken, da die Datenbasis erweitert wird. Diese Risiken sind ausführlich in Band 2 dieser Reihe (vgl. insbesondere Lehreinheit 4 mit den entsprechenden Folien) beschrieben.

5.3 Verknüpfung zu Betriebsdatenerfassungs-Systemen (BDE)

Genaugenommen handelt es sich bei Arbeitszeitdaten um eine besondere Sorte von Betriebsdaten. Für BDE-Systeme hat sich jedoch als Anwendungsschwerpunkt die Erfassung und Verarbeitung von auftrags-, maschinen- und leistungsorientierten Daten herausgestellt. Darunter können auch Lohndaten fallen. Die Erfassung der entsprechenden Meldungen erfordert arbeitsplatznahe Eingabeterminals. Der Forderung nach gleichzeitiger Nutzung dieser Geräte für Arbeitszeitbuchungen steht entgegen, daß die Arbeitszeit oftmals weit vorher beginnt.

Die Kopplung von arbeitszeit- **und** personalbezogenen Betriebsdaten ist besonders problematisch, da letztere die **Leistung**sdaten zu den im AZEV-System befindlichen **Verhalten**sdaten bilden.

Personenbeziehbare Meldungen im BDE-System können sein:
- Anmeldung von Beschäftigten in ihrer (oder einer anderen) Kostenstelle bzw. Anlage/Maschine;
- Beginn oder Ende der Arbeiten an einem bestimmten Auftrag;
- Beginn und Ende bestimmter Tätigkeitsarten (beispielsweise Rüsten, Produktivarbeit, Qualitätssicherungsarbeiten, Wartungsarbeiten, Reinigungsarbeiten etc.);
- Störzeiten (Beginn bzw. Ende) mit Störgründen (beispielsweise: technische Störung, Störung wegen Auftragsmangel, wegen Personalmangel etc). Diese Daten können oftmals über Maschinen-Nr. und Schichtplan oder über die angemeldeten Belegschaftsmitglieder einzelnen Personen oder Arbeitsgruppen zugeordnet werden;
- Materialverbrauch oder -entnahme.

Aus diesen Meldungen können auf einzelne Beschäftigte oder kleinere Arbeitsgruppen bezogene Leistungsdaten errechnet werden, beispielsweise Nutzungsgrade für bestimmte Schichten, Akkordleistungen, Qualitäts- und Ausschußkennziffern etc. Aus deren Zusammenstellung mit den AZEV-Daten ergibt sich ein komplettes Bild für den Tagesablauf der Beschäftigten.

Bei entsprechenden Entlohnungsformen ist oft die Erfassung der lohnrelevanten Leistungen – beispielsweise Akkordstückzahl etc. – oder bei der Kostenrechnung die Erfassung des Kostenstellenwechsels der Beschäftigten erforderlich. Abgesehen von der Frage, ob für diese Zwecke EDV-Einsatz notwendig ist, kann eine Verknüpfung von BDE und AZEV in der Regel nicht mit Abrechnungs-, sondern nur mit Kontrollzwecken begründet werden. Allerdings ist die spätere Zusammenstellung der abrechnungsrelevanten Daten im PIS oft schwer zu verhindern.

5.4 Vernetzung zu Fertigungssteuerungs- und PPS-Systemen

Sowohl im AZEV- als auch im Produktionsplanungs- und -steuerungssystem (PPS) werden Firmenkalender, Schicht- und Arbeitszeitmodelle gespeichert.

Für die Zukunft ist damit zu rechnen, daß beispielsweise als Kernpunkt von CIM-Konzepten (CIM = **C**omputer **I**ntegrated **M**anufacturing) die Verknüpfung und Integration zu Zwecken der

– Kapazitätsplanung einerseits und
– Personaleinsatzplanung andererseits

angestrebt wird. Dies betrifft wesentlich die Risikobereiche »Rationalisierung« und »Verbesserung der Personalplanungsinstrumente« (vgl. **Folie 4112**).

5.5 Verknüpfung zur Zugangskontrolle

Zugangskontrollsysteme (ZGKO) sollen den Zugang

– zum Betrieb und/oder
– zu einzelnen Abteilungen und/oder
– zur Kantine und/oder
– zum Parkplatz etc.

auf die von der Geschäftsleitung ausgewählten Personen zu den von ihr bestimmten Zeiten beschränken. Das **Arbeitsblatt 4211** gibt dem Betriebsrat Hilfestellung zur Bewertung von Zugangskontrollsystemen.

Betrachten wir als Beispiel **Folie 4208**. Im dort gezeigten Fall können Beschäftigte mit einer Zugangsberechtigung zur Zone »D« an den Erfassungsgeräten 1 und 2 eintreten; sie werden jedoch an den Türen 3, 4, 5 und 7 abgewiesen. Zugangsberechtigte zur Zone »A« müßten dementsprechend zwangsläufig auch eine Berechtigung für die Zone »B« erhalten. Ob sie jedoch den Weg über Tür 5 oder über Tür 4 oder über die Türen 7 und 9 frei auswählen können, ist damit noch nicht festgelegt. Möglicherweise dürfen sie nur den direkten Weg über Tür 4 wählen. Werden alle Türbenutzungen gespeichert, kann beispielsweise nachvollzogen werden, wie lange ein/e DatenerfasserIn aus Zone »C« von Tür 3 bis Tür 7 (Reißwolf) benötigt hat.

Die Berechtigung einer bestimmten Person, bestimmte Türen zu bestimmten Zeiten passieren zu dürfen und die Tatsache, ob diese Türbenutzung gespeichert wird, bezeichnet man als Zugangsberechtigungsmodell (vgl. auch den in Arbeitsschritt 1 behandelten »Geräteaufstellungsplan« gemäß **Folie 4204**).

Die Verwendung derselben Erfassungsgeräte für Zwecke der Arbeitszeitberechnung und der Zugangskontrolle ist dabei besonders problematisch:

– Einerseits ist für die AZEV-Erfassung die **Speicherung** des Buchungssatzes erforderlich, **nicht** jedoch **lückenlose Buchung** bei jedem Passieren von Tür, Tor oder Drehkreuz etc.
– Andererseits ist bei ZGKO-Erfassung zwar die **lückenlose Buchung** erforderlich, die **Speicherung** aber entbehrlich.

Die Kombination von beidem ergibt die **lückenlose Speicherung**.

Aufbau und Funktionsweise

Im weiteren Fortgang dieses Seminars kann das hier angeschnittene Thema »Vernetzung mit anderen EDV-Systemen« nicht weiter vertieft werden; hierzu sei auf Band 3 dieser Reihe und auf die Handlungshilfe »Vernetzung und Integration« (vgl. Literaturliste) hingewiesen.

> Der Arbeitsschritt 5 wird im Lehrgespräch durchgeführt. Mit einer eröffnenden Frage (z.B: »Mit welchen anderen EDV-Anwendungen können AZEV-Systeme verknüpft werden?«) soll zunächst einmal ein Überblick geschaffen werden. Die Dokumentation der Ergebnisse erfolgt auf Flipchart, Metaplan oder Tafel. Die Nennungen der Teilnehmer werden für alle lesbar notiert und vom/von der ReferentIn gemäß **Folie 4207** ergänzt. Die Beschriftung von Karten bietet den Vorteil, daß sie umorganisiert und verschiedenartig miteinander verbunden werden können (Pfeile). Die Unterscheidung von Vernetzung und Integration wird an den entsprechenden **Overlays 1** und **2** gezeigt.
>
> Im Seminar sollte exemplarisch mindestens die Verknüpfung zu einem anderen Anwendungssystem detaillierter behandelt werden. Die Auswahl muß der/die ReferentIn je nach zur Verfügung stehender Zeit und Interesse der SeminarteilnehmerInnen treffen. Der übrige Text mit den anderen EDV-Anwendungen bietet Hintergrundmaterial für den Überblick in 5.1. Für eine vertiefte Behandlung von PIS eignen sich Langtext und Folien aus Band 2 dieser Reihe (vgl. insbesondere Lehreinheit 4).
>
> Zur Behandlung des Abschnittes 5.2 sind zwei Varianten möglich:
>
> **Variante 1:**
> Durchführung im Lehrvortrag mit angegebenen Folien, ggf. Vertiefung durch Materialien aus Band 2.
>
> **Variante 2:**
> Arbeitsgruppe gemäß **Arbeitsblatt 4210** (Zeitbedarf für Vorbereitung, Durchführung und Nachbehandlung ca. 1 Stunde).
>
> Lösungshinweise für Aufgabe 1:
> - Einmal monatlich nach der Monatsabrechnung im AZEV-System werden die notwendigen (= vereinbarten) Fehlzeitenkontenstände und die notwendigen (= vereinbarten) Buchungskontenstände für jede abzurechnende Person vom AZEV-System an das Personalinformationssystem (PIS) übertragen.
> - Diese Übertragung erfolgt ausschließlich im Batch- oder Stapelbetrieb, Dialogabfragen vom PIS ins AZEV-System oder umgekehrt sind nicht möglich.
> - Auf keinen Fall werden die Buchungssätze mit entsprechenden Buchungszeitpunkten übertragen. Auch eine Stammdatenübertragung ist nicht erforderlich.
>
> Lösungshinweise für Aufgabe 2:
> - In der Regel werden nur Stamm- bzw. Personalnummer sowie Name und Vorname in beiden Computersystemen gleichzeitig benötigt; dafür ist eine Kopplung zwischen dem AZEV-System und dem PIS zu aufwendig. Sollte der

Betriebsrat eine Kopplung trotzdem zulassen, ist ebenfalls darauf zu achten, daß die Übertragung zu festgesetzten Zeiten als Batch- oder Stapelübertragung und nicht im Dialog zugelassen wird.

Die Behandlung der übrigen EDV-Anwendungen erfolgt im Lehrgespräch mit den angegebenen Folien. Zusätzliches Material findet sich im Band 2 Lehreinheit 2 mit entsprechenden Folien. Zum Abschluß der Lehreinheit sollte eine Karte mit »Verknüpfung/Vernetzung/Integration« auf dem Flipchart »Benötigte Informationen« (vgl. LE 1, AS 2) angeheftet werden. Diese Karte sollte folgende Punkte enthalten:
– Übertragungsanlässe?
– Übertragungsprotokolle?
– Welche Daten/Dateien werden übertragen?
– ...

Sind alle Kartenfragen für Lehreinheit 2 aus dem »Offene-Fragen-Register« besprochen?

Aufbau und Funktionsweise 2–23

Arbeitstransparente

4201	Erfassungsterminal (Beispiel)
4201 O	Overlay zu 4201
4202	Druckendes Terminal (Beispiel)
4203	Technische AZEV-Lösungen
4203 O1	Datensammler – Overlay 1 zu Folie 4203
4203 O2	PC-Lösung – Overlay 2 zu Folie 4203
4203 O3	mit Hostanbindung – Overly 3 zu Folie 4203
4204	Geräteaufstellungsplan (Beispiel)
4205	Datenfluß im AZEV-System
4206	Buchungsvorgang
4206 O1	Overlay 1 zu Folie 4206
4206 O2	Overlay 2 zu Folie 4206
4207	Vernetzung und Integration des AZEV-Systems
4207 OA	Vernetzung des AZEV-Systems – Overlay A zu Folie 4207
4207 OB	Integration des AZEV-Systems – Overlay B zu Folie 4207
4208	Zugangskontrollsystem

TBS 4201

Technologieberatungsstelle beim DGB Landesbezirk NRW   Computertechnik für Arbeitnehmervertreter

Aufbau und Funktionsweise 2—23

Arbeitstransparente

4201	Erfassungsterminal (Beispiel)
4201 O	Overlay zu 4201
4202	Druckendes Terminal (Beispiel)
4203	Technische AZEV-Lösungen
4203 O1	Datensammler – Overlay 1 zu Folie 4203
4203 O2	PC-Lösung – Overlay 2 zu Folie 4203
4203 O3	mit Hostanbindung – Overly 3 zu Folie 4203
4204	Geräteaufstellungsplan (Beispiel)
4205	Datenfluß im AZEV-System
4206	Buchungsvorgang
4206 O1	Overlay 1 zu Folie 4206
4206 O2	Overlay 2 zu Folie 4206
4207	Vernetzung und Integration des AZEV-Systems
4207 OA	Vernetzung des AZEV-Systems – Overlay A zu Folie 4207
4207 OB	Integration des AZEV-Systems – Overlay B zu Folie 4207
4208	Zugangskontrollsystem

TBS 4201

Technologieberatungsstelle beim DGB Landesbezirk NRW   Computertechnik für Arbeitnehmervertreter

Erfassungsterminal (Beispiel)

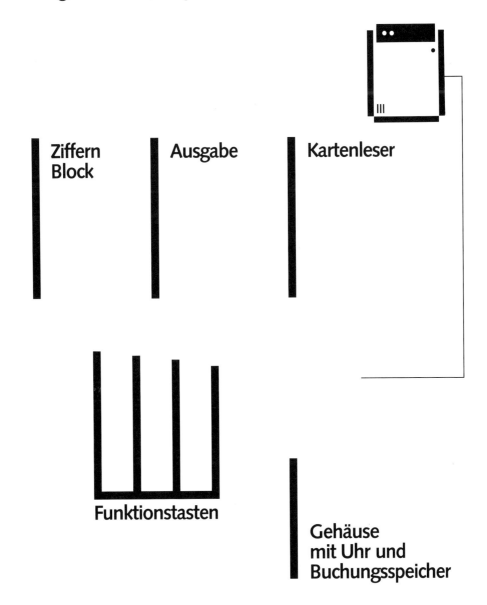

TBS

4202

Technologieberatungsstelle beim DGB Landesbezirk NRW   Computertechnik für Arbeitnehmervertreter

Druckendes Terminal (Beispiel)

TBS

4203

Technologieberatungsstelle beim DGB Landesbezirk NRW   Computertechnik für Arbeitnehmervertreter

Technische AZEV-Lösungen

© TBS

: Datensammler

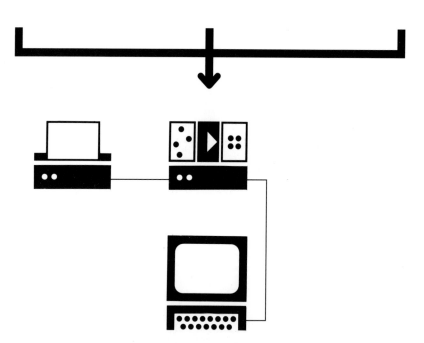

: PC-Lösung

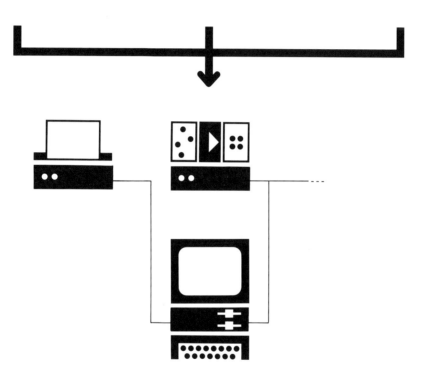

mit Host-Anbindung

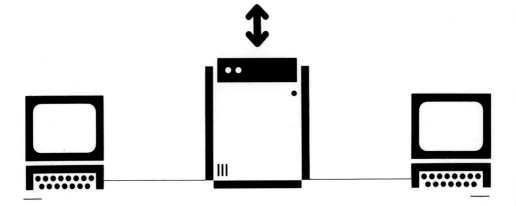

Geräte-Aufstellungsplan (Beispiel)

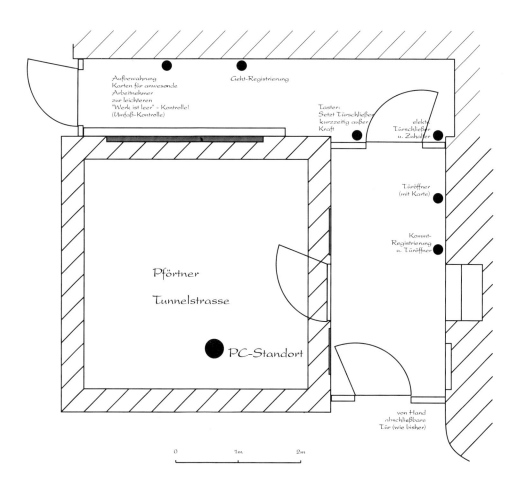

Quelle: Anlage zu einer Betriebsvereinbarung

Datenfluß im AZEV-System

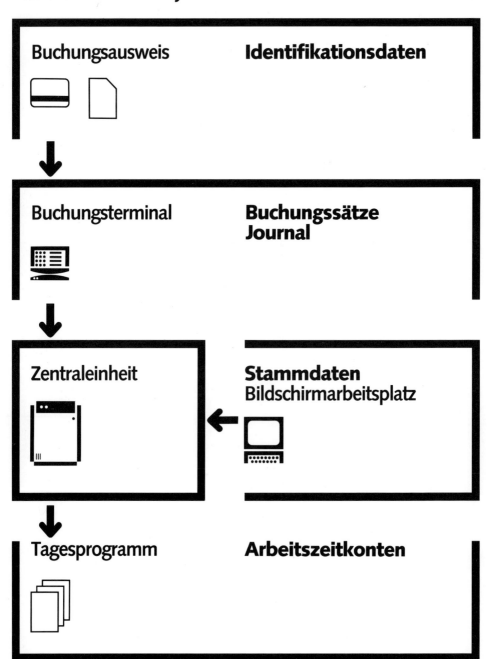

© TBS

TBS

4206

Technologieberatungsstelle beim DGB Landesbezirk NRW   Computertechnik für Arbeitnehmervertreter

Buchungsvorgang

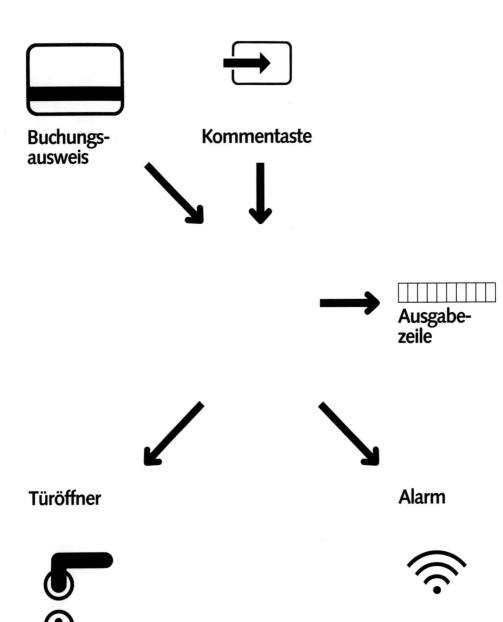

K

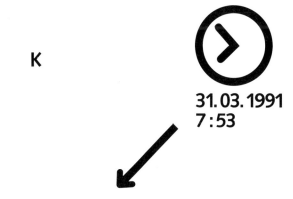

31.03.1991
7:53

P 1479

T 1

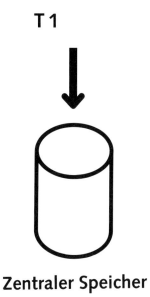

Zentraler Speicher

67423 31.03.1991 7:53 T1 P1479 K

Personal-informations-system (PIS) zur LG-Abrechnung

Zugangs-kontrolle

Arbeitszeit-erfassungs- und Ver-arbeitungs-system (AZEV)

Telefondaten-erfassung
Kantinen-daten-erfassung
Tankdaten-erfassung

Betriebs-daten-erfassung (BDE)

Pro-duktions-planungs- und Steue-rungs-system (PPS)

Vernetzung des AZEV-Systems

Integration des AZEV-Systems

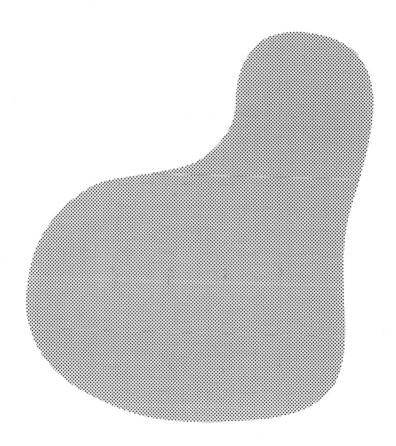

Zugangskontrollsystem

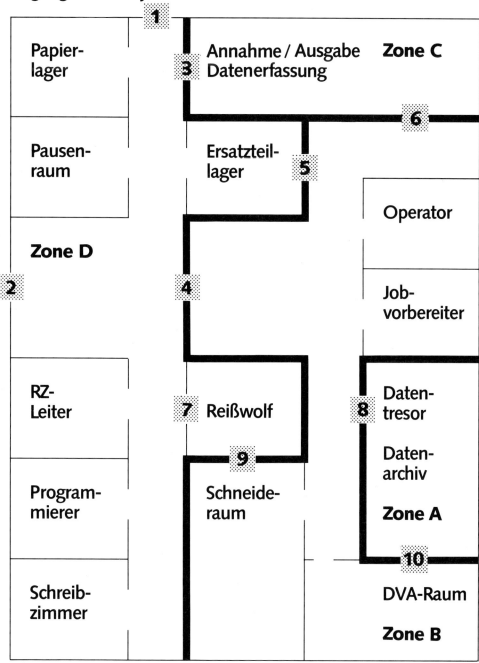

nach: Siemens

Arbeitsblätter

4201	Personalstammdaten (Beispiel)
4202	Fehlzeitenarten (Beispiel)
4203	Arbeitszeitmodell (2 Seiten)
4204	Wochenplan (Beispiel)
4205	Tagesplan (Beispiel)
4206	Lohnartenkonten (Beispiel)
4207	Modulübersicht (Beispiel)
4208	Menü-Übersicht (Beispiel)
4209	Auswertungslisten (Beispiel)
4210	Verknüpfung des AZEV-Systems zum PIS
4211	Sicherung oder Kontrolle? (5 Seiten)

Personalstammdaten (Beispiel)

```
=====================================================================
Hengstler GmbH                                      Datum: 09.12.91

Personal-Nr. : 004444
Ausweis-Nr.  : 0332                    P E R S O N A L S T A M M
Abteilung    : 00001 Hauptverwaltung          (Kopfdaten)

Name,Vorname : Kohl, Helga              ÜStd. von Tag    :
Straße       : Kaiserstr. 104           ÜStd. bis Tag    :
PLZ Ort      : 4050 Mönchengladbach     ÜStd. bezahlen   :
Telefon      : 02161-209750             Tägl.Arb.Std.    : 7,00

Beschäft.-Art: 5 Angestellt             Schicht-Modell   :
Besch.-Grad  : 100,00                   1.Schicht in KW: :
Funktion     : Lohn- und Gehalt         Schichtwechsel   :
Kennzeichen  : BR                       Rundungsformel   : 1
Wochenplan   : 444 Wochenplan Hauptverwaltung  Rundungseinheit: 15 (Min.)
Periodenabgl.:                          Abrundung bis    :  0   15

Bemerkung    : Gewerkschaftsmitglied    Geschlecht       : W
Dienstgang   : A                        Geburtsdatum     : 19.07.58
Terminalzone : 03      Zutrittsrecht: 1 Eintrittsdatum   : 01.04.87
Lampentableau: 4444    WP-Echtzeit    : Austrittsdatum   :
=====================================================================
```

Quelle: System IPEV v. Fa. Hengstler

Arbeitsblatt 4201

Fehlzeitenarten (Beispiel)

Nr.	Bezeichnung	Kartei-Eintrag	FZ-Formel	Kennung	Gutschr. Std.	Anteil Tag	Lohnart	Umbuchung ab Tage auf FZ
01	Urlaub	U u	1	U			0550	
02	Urlaub 1/2 Tag	Uu uu	1	U		1,00	0550	
03	Unbez.Urlaub	Uu uu	1	U		0,50		
04	Sonderurlaub	Us us	1	U			0550	
08	Unbez. Urlaub	Uu uu	1	U				
10	Krank	K k	2	K			0554	43,00 11
12	Krank unbezahlt	Ku ku	2	K				
13	Arztbesuch bez	Ka ka	1	K			0554	
14	Arztbesuch unb	Ka ka	1	K				
15	Mutterschutz	Km km	1	K			0501	
20	Arbeitsunfall	K* k*	1	*K			0501	
21	Betriebsvers.	Bv bv	1				0501	
30	Betriebsratsarb	Br br	1				0501	
31	Abfeiern ÜStd.	D ü	3	A	7,00			
32	Gleittag	G g	0					
41	Kurzzeitverletz	G *	1	A			0594	
99	Wehrdienst	W w						
	Feiertag	$ $	1	F			0540	

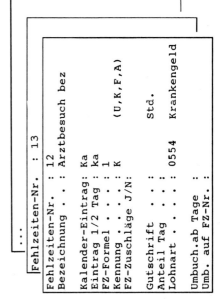

```
Fehlzeiten-Nr.   : 13
Fehlzeiten-Nr. . : 12
Bezeichnung . . : Arztbesuch bez

Kalender-Eintrag: Ka
Eintrag 1/2 Tag : ka
FZ-Formel . . . : 1
Kennung . . . . : K       (U,K,F,A)
FZ-Zuschläge J/N:

Gutschrift  . . :         Std.
Anteil Tag  . . :
Lohnart . . . . : 0554    Krankengeld

Umbuch.ab Tage  :
Umb. auf FZ-Nr. :
```

Quelle: System IPEV v. Fa. Hengstler

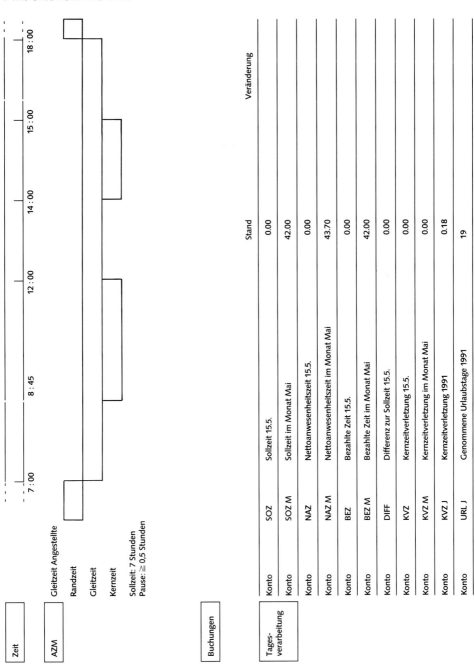

Arbeitsblatt 4203   Overlay 1

**Beispiel
Tagesablauf**

Frau Kohl am Mi 15.5.91

K (8 : 45 kommen)

G (15 : 30 gehen)

+ 6 : 45
+ 6 : 45
+ 6 : 15
+ 6 : 15
+ 6 : 15
– 0 : 30
| | | |

Wochenplan (Beispiel)

```
===============================================================
 Hengstler GmbH                                Datum: 16.05.91

 Wochenplan-Nr.: 444                      W O C H E N P L Ä N E
 Bezeichnung  .: Wochenplan Hauptverwaltung
 ----------------------------------------  ------------------
 ! Mo ! 001 ! Normal                    !  !               !
 ! Di ! 001 ! Mo-Do Gleitzeit Angestellte !  !  1. Schicht !
 ! Mi ! 001 ! Mo-Do Gleitzeit Angestellte !  !             !
 ! Do ! 001 ! Mo-Do Gleitzeit Angestellte !  !             !
 ! Fr ! 002 ! Fr Gleitzeit Angestellte  !  !               !
 ! Sa ! 003 ! Sa Verwaltung             !  !               !
 ! So ! 004 ! So Verwaltung             !  !               !
 ----------------------------------------  ------------------
 !          ! 2. Schicht                !  !               !
 ! Mo !                                 !  !  3. Schicht   !
 ! Di !                                 !  !               !
 ! Mi !                                 !  !               !
 ! Do !                                 !  !               !
 ! Fr !                                 !  !               !
 ! Sa !                                 !  !               !
 ! So !                                 !  !               !
 ===============================================================
```

Quelle: System IPEV v. Fa. Hengstler

Tagesplan (Beispiel)

TBS — Technologieberatungsstelle beim DGB Landesbezirk NRW
Arbeitsblatt 4205 — Computertechnik für Arbeitnehmervertreter

```
=============================================================================
 Hengstler GmbH                                              Datum: 16.05.91

                           T A G E S P L Ä N E
                               (Kopfdaten)

         Tagesplan-Nr. . . :  001
         Bezeichnung . . . :  Mo-Do Gleitzeit Angestellte
         Sollstunden . . . :  7,00         Ansparstd. von:
         Mind.Mittagspause :  0,50         Ansparstd. bis:
         LA Normalstunden  :  0501

         !-------------------------!------------!------------!
         ! Bezeichnung             ! Von Uhrzeit! Bis Uhrzeit!
         !-------------------------!------------!------------!
         ! Arb.Zeit ohne UStd.Berech.!  07:00   !   17:00    !
         ! Arb.Zeit mit  UStd.Berech.!  07:00   !   19:00    !
         ! Ausgl.Grenzen Dienstgang  !  08:00   !   15:00    !
         ! Kernzeiten          K1    !  08:45   !   12:00    !
         !                     K2    !  14:00   !   15:00    !
         !                     K3    !          !            !
         !-------------------------!------------!------------!
         ! Mittagspause        P1    !  12:00   !   14:00    !
         ! Sonstige Pausen     P2    !          !            !
         !-------------------------!------------!------------!
=============================================================================
```

Quelle: System IPEV v. Fa. Hengstler

Arbeitsblatt 4206

Technologieberatungsstelle beim DGB Landesbezirk NRW Computertechnik für Arbeitnehmervertreter

Lohnarten-Konten (Beispiel)

```
0501 Grundlohn Normalarb.Std.
0502 Grundlohn ÜStd.
0510 ÜStd. Zuschlag 25%
0511 ÜStd. Zuschlag 50%
0512 Nachtzuschlag 30%
0513 Sonntagszuschlag 50%
0516 Mehrarb./Nachtstd. 20%
0517 Spätarbeitsstd. 20%
0518 Nachtzuschlag 20%
0540 Grundlohn Feiertag
0541 Feiertagszuschlag 100%
0542 Feiertagszuschlag 150%
0550 Urlaubslohn
0551 Sonderurlaub
0553 Kurzarbeitsgeld
0554 Krankengeld
0555 Lohnfortzahlung
0556 Urlaub unbezahlt
0580 Ausbildung
0590 Betriebsversammlung
0594 Abfeiern ÜStd.
0595 Gesamtarbeitszeit
```

Quelle: System IPEV v. Fa. Hengstler

TBS
Technologieberatungsstelle beim DGB Landesbezirk NRW

Arbeitsblatt 4207
Computertechnik für Arbeitnehmervertreter

Modulübersicht (Beispiel)

Zentrales Modul

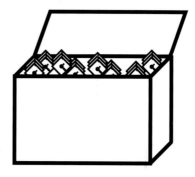

Freischichtenplanung
BDE
Kantinenabrechnung
Personaleinsatzplanung
Überstunden

Fahrgeldliste
Serienbrief
Geburtstagsliste
Zutrittsliste
Jubiläumsliste
Aktuelle Anwesenheitsabfrage
Fehlzeitenkalender
Saldoliste
Ablaufende Krankheitsbuchungen
Krankheitsauswertung
Urlaubsplanungsliste
Personal-Auswertung
Sollzeiten-Abweichungsliste
Urlaubsliste
Personalblätter drucken

Quelle: System IPEV v. Fa. Hengstler

Menü-Übersicht (Beispiel)

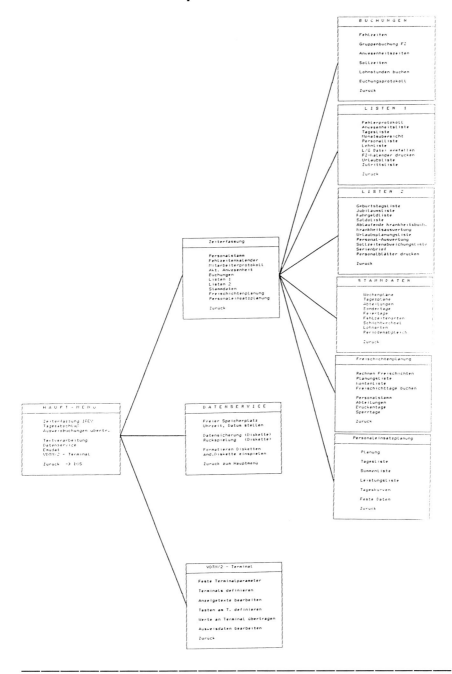

Quelle: System IPEV v. Fa. Hengstler

TBS — Arbeitsblatt 4209

Technologieberatungsstelle beim DGB Landesbezirk NRW — Computertechnik für Arbeitnehmervertreter

Auswertungslisten (Beispiel)

```
TBS beim DGB RSt Münster                          Datum: 17.05.91


                    ┌─────────────────────────────┐
                    │         LISTEN 1            │
                    │                             │
                    │     Fehlerprotokoll         │
                    │     Anwesenheitsliste       │
                    │     Tagesliste              │
                    │     Monatsübersicht         │
                    │     Personalliste           │
                    │     Lohnliste               │
                    │     L/G-Datei erstellen     │
                    │     FZ-Kalender drucken     │
                    │     Urlaubsliste            │
                    │     Zutrittsliste           │
                    │                             │
                    │     Zurück                  │
                    │                             │
                    └─────────────────────────────┘

     Wirksame Tasten:  Pfeile, Anfangsbuchstaben, ESC, RETURN
```

```
TBS beim DGB RSt Münster                          Datum: 17.05.91


                    ┌─────────────────────────────┐
                    │         LISTEN 2            │
                    │                             │
                    │     Geburtstagsliste        │
                    │     Jubiläumsliste          │
                    │     Fahrgeldliste           │
                    │     Saldoliste              │
                    │     Ablaufende Krankheitsbuch. │
                    │     Krankheitsauswertung    │
                    │     Urlaubsplanungsliste    │
                    │     Personal-Auswertung     │
                    │     Sollzeitenabweichungsliste │
                    │     Serienbrief             │
                    │     Personalblätter drucken │
                    │                             │
                    │     Zurück                  │
                    │                             │
                    └─────────────────────────────┘

     Wirksame Tasten:  Pfeile, Anfangsbuchstaben, ESC, RETURN
```

Quelle: System IPEV v. Fa. Hengstler

Arbeitsblatt 4210

Technologieberatungsstelle beim DGB Landesbezirk NRW — Computertechnik für Arbeitnehmervertreter

Verknüpfung des AZEV-Systems zum PIS

Situation

1. Die Geschäftsleitung plant, das AZEV-System mit dem Personalinformationssystem (PIS) zur Lohn- und Gehaltsabrechnung zu koppeln.

2. Der Betriebsrat ist mit der Einschränkung einverstanden, daß ausschließlich Daten übertragen werden, die für die Abrechnung von Lohn und Gehalt unerläßlich sind.

Aufgabe 1:

Übertragung vom AZEV-System zum PIS

Welche Daten sollen zu welchem Zeitpunkt (wie oft monatlich) übertragen werden?

- Stammdaten
- Fehlzeitdaten
- Buchungsarten (Kommt, Geht, Dienstgang)
- Buchungszeitpunkte

Verwendet dazu die Systemunterlagen der Arbeitsblätter 4201, 4202, 4206.

Aufgabe 2:

Übertragung vom PIS zum AZEV-System

Welche Daten sollen wann übertragen werden?

Gruppenübung

Hilfsmittel: Folie mit Folienstiften zur Unterstützung der Darstellung der Diskussionsergebnisse im Plenum

Zeitbedarf: ca. 30 Minuten

Sicherung oder Kontrolle?

Computergestützte Zugangskontrollsysteme (ZGKO) aus Betriebsratssicht

Zwar wollen auch Betriebs- und Personalräte Geschäftsleitungen nicht verwehren, Betriebseigentum zu schützen, für Sicherheit im Betrieb zu sorgen und dafür <u>angemessene</u> Maßnahmen zu treffen. (Anmerkung: im folgenden sind unter "Betriebsräte" auch immer Personalräte angesprochen). Zunehmend werden aber zu diesem Zwecke computergestützte Zugangskontrollsysteme beschafft, die über weit mehr Möglichkeiten verfügen als nur für "mehr Sicherheit" zu sorgen.

Bei der Abwägung der Angemessenheit kommt oft der Eindruck auf, daß hier C-Feuerlöschrohre zum Blumengießen verwendet werden sollen:
Ganz offensichtlich wird der Anlaß der Einführung eines solchen Systems dazu genutzt, die Kontrollmöglichkeiten gegenüber den Beschäftigten auszubauen. Betriebsräten kommt die Aufgabe zu, Risiken und Nachteile solcher Maßnahmen für die Beschäftigten zu erkennen, abzuwägen und ggf. auszuschließen:
Während die Einführung computergestützter Zugangskontrollsysteme für die einzelnen Beschäftigten in der Regel keine Vorteile zur Folge hat, sind Verschlechterungen der individuellen Arbeitsbedingungen jedoch oft die Regel.

I. Risiken für die Beschäftigten

1. **Einschränkung der Bewegungsfreiheit**
   Mit der angestrebten "berechtigten" Einschränkung der Bewegungsfreiheit auf das oder auf dem Betriebsgelände ist oftmals auch eine Einschränkung der berechtigten Bewegungsfreiheit der Beschäftigten verbunden. Für die MitarbeiterInnen ist aber der Betrieb nicht nur der Ort, an dem sie ihre Arbeitsleistung zu erbringen haben, sondern auch der Ort, an dem Kollegen, Bekannte, Freunde oder Verwandte arbeiten - sie haben dort ein wichtiges soziales Umfeld.

   Insbesondere bei einer möglichen Einteilung des Werksgeländes in verschiedene Zutrittszonen, beispielsweise Abtrennung der EDV-Abteilung oder der Konstruktion, des Vertriebes etc. werden informelle und soziale Kontakte zwischen den einzelnen Beschäftigten aus unterschiedlichen Abteilungen be- oder sogar verhindert.

   Andere Einschränkungen kommen hinzu:

   - "Codekarten-BesitzerInnen" müssen Umwege und Formalien in Kauf nehmen, wenn sie ihre Karte vergessen oder auch verloren haben.

- "Nichtcodekarten-BesitzerInnen", beispielsweise neueingestellte Beschäftigte, HandwerkerInnen, GewerkschaftssekretärInnen etc. können stark behindert werden.

- Anläßlich der Anschaffung eines computergestützten Systems werden über die Zutrittsberechtigungen zum Betrieb, zum Firmenparkplatz und in die einzelnen Zutrittszonen Privilegien vergeben oder sie werden - in der Regel - entzogen: Beispielsweise wird möglicherweise erstmals festgelegt, wer den Firmenparkplatz benutzen darf.

- Selbstverständlich sollte der Betriebsrat selbst darauf achten, daß seine Mitglieder auch weiterhin ungehindert und unangekündigt Zutritt zu den einzelnen Betriebsbereichen haben.

Der Gesetzgeber hat den Betriebsräten in diesem Bereich weitgehende Rechte und damit Aufgaben und Verantwortung zugewiesen: Sowohl Entscheidungen über die Aufteilung des Betriebes in Zugangszonen, die Vergabe von Zutrittsberechtigungen als auch die Installation von Drehkreuzen etc. bedarf der vorherigen Beratung mit dem Betriebsrat und seiner Zustimmung (BetrVG § 87, Abs. 1, Ziff. 1).

Er ist also mit dafür zuständig, die Meinung der Belegschaft einzuholen, die Diskussion insbesondere mit den MitarbeiterInnen der betroffenen Abteilungen zu führen und deren Interessen gegenüber der Geschäftsleitung bei der Planung des Zutrittskontrollsystems zu vertreten.

2. Kontrolle

Viele elektronische Zugangskontrollsysteme bieten die Möglichkeit, nicht nur Türen, Drehkreuze und Schranken etc. zu öffnen, wenn sie den oder die KartenbesitzerIn als berechtigt erkannt haben. Sie können auch sekundengenau speichern, wann welche/r Beschäftigte an welcher Stelle Tür, Drehkreuz oder Schranke passiert hat.

Je engmaschiger das Zonennetz gelegt ist und je öfter gespeichert wird, desto detaillierter läßt sich für einzelne Personen das Bewegungsbild eines Tages nachvollziehen. Schlimmstenfalls läßt sich die Geschwindigkeit zwischen zwei Terminals über die jeweilige Buchungszeit ermitteln. Diese Daten lassen sich dann personen-, terminal- oder zeitabhängig auswerten und können für Kontrollen oder auch Arbeitsanalysen verwendet werden. Jeder weiß, daß das Bewußtsein um Kontrollmöglichkeiten ("ich werde beobachtet!") auch das Verhalten beeinflußt. Zu berücksichtigen ist, daß Daten über den Tagesablauf einzelner Beschäftigter auch aus anderen Computeranwendungen gesammelt werden:

Arbeitszeitdaten aus dem Arbeitszeiterfassungs- und -verarbeitungssystem (AZEV), Daten über erledigte Aufträge, Ausschuß, Störzeiten etc. aus dem Betriebsdatenerfassungssystem (BDE), Logdaten aus dem Betriebssystem, Kantinendaten, Tankdaten und so fort. Zusammen ergeben diese Speicherungen den "Datenschatten", dessen Vision das Bundesverfassungsgericht 1983 veranlaßt hat, darin einen Eingriff in das Grundrecht auf freie Entfaltung der Persönlichkeit zu erkennen ("Volkszählungsurteil"). Voraussetzung für das Speichern und Verarbeiten von Personaldaten im Betrieb ist daher zumindest, daß dies durch das konkrete Arbeitsverhältnis bedingt ist oder eine ausdrückliche Einwilligung vorliegt. Für die Betriebsparteien ergibt sich daraus über § 75 (2) BetrVG die Verpflichtung, die Auswirkungen auf Persönlichkeitsrechte der ArbeitnehmerInnen sorgfältig zu prüfen und auf das Unumgängliche einzuschränken.

In der Regel läßt sich die Speicherung von Buchungssätzen in einem Zugangskontrollsystem während der betriebsüblichen Arbeitszeiten keinesfalls begründen. Selbstverständlich sind Systeme ohne Speicherung von Buchungs- sätzen (Schlüsselsysteme) kostengünstiger.

Zugangskontrollsysteme unterliegen immer dann der Mitbestimmung des Betriebsrates nach § 87,1.6 BetrVG, wenn nur die Möglichkeit zur Speicherung personenbezogener Daten besteht oder wenn sogenannte Sofortmeldungen auf einen Drucker etc. geleitet werden, sobald bestimmte Personen an bestimmten Türen zu bestimmten Zeiten buchen oder vergeblich "Einlaß begehren".

3. Pförtner-Funktionen

Kaum einer/einem Beschäftigten wird es besonders positiv auffallen, wenn er oder sie den Betrieb nicht mehr wie bisher mit einem Gruß an den/die PförtnerkollegIn betritt, sondern nach der Kartenbuchung durch eine Gitterdrehtür tippelt: Diese muß sogar besonders eng gefaßt sein, damit nicht noch eine zweite Person mit hindurchgeschleust wird ("Vereinzelung").

Auf einer Betriebsversammlung beschweren sich beispielsweise Beschäftigte nach Einführung eines solchen Systems, daß sie sich seither "wie in einem Käfig" fühlten.

Für die PförtnerInnen kann die Einführung eines solchen Systems wesentlich weitreichendere Folgen haben: Ihr Arbeitsplatz gerät in Gefahr. Aufgabe des Betriebsrates muß es sein, gemeinsam mit der Geschäftsleitung Perspektiven für die betroffenen Beschäftigten und den Arbeitsplatz aufzuzeigen.

II. Einflußmöglichkeiten für Betriebsräte

Die Betriebsräte sollten bei aller Wertschätzung der Sicherheit des Betriebes und im Betrieb nicht den Fehler machen, technische Machbarkeiten von Zugangskontrollsystemen mit "Sachzwang" zu verwechseln: Oftmals sind Lösungen mit einer geringeren Beeinträchtigung für die Arbeitsbedingungen der Beschäftigten genauso denkbar; sie sind in aller Regel sogar kostengünstiger..

Sollte trotzdem auf ein elektronisches Zugangskontrollsystem zurückgegriffen werden, kann der Betriebsrat zumindest verlangen, daß organisatorische und technische Details in einer **Betriebsvereinbarung** festgehalten werden:

1. **Verlust oder Vergessen der Zutritts-Codekarte**
   Betriebsräte sollten sowohl Regelungen in die Vereinbarung mit aufnehmen, daß bei Kartenverlust der Arbeitgeber die Kosten zu tragen hat - immerhin handelt es sich wie bei anderen Werkzeugen um ein "Betriebsmittel", das zum Nutzen des Arbeitgebers von den einzelnen Beschäftigten mitgeführt werden muß, Platz in der Brieftasche beansprucht, an das man morgens denken muß, wenn man Hemd oder Hose wechselt und für dessen Verlustrisiko der/die einzelne Beschäftigte nicht auch noch aufkommen soll.

   Insbesondere sollte bedacht werden, welche Umwege, Formalien (womöglich Vergessensmeldung beim Pförtner?) die einzelnen Beschäftigten in Kauf nehmen müssen, wenn sie ihre Karte einmal vergessen haben. Bei Verlust sollte sichergestellt werden, daß innerhalb einer beschriebenen Frist (beispielsweise ein Tag) Ersatz beschafft wird.

2. **Standorte der Zutrittsterminals zum Betriebsgelände**
   Es besteht keine Notwendigkeit, Terminals für den Ausgang aus dem Betriebsgelände vorzusehen: In diesem Falle müssen die Türen, Drehkreuze etc. ohne Kartenverwendung benutzbar sein.

   Der Betriebsrat kann auch zusätzliche Eingänge ins Betriebsgelände vereinbaren, wenn damit die Zutrittswege vom Wohnort, von der Bushaltestelle, vom Fahrradparkplatz etc. für die Beschäftigten zum Arbeitsplatz verkürzt werden.

   Eine Verknüpfung mit dem AZEV-System ist besonders problematisch: Für das AZEV-System sind nicht bei jedem Passieren des Terminals Buchungen erforderlich. Immer dann, wenn vor und nach dem Passieren der Tür, des Tores etc. die Arbeitszeit gleichbezahlt wird, muß selbstverständlich nicht gebucht werden. Beim Zugangskontrollsystem ist jedoch unabhängig von der Bezahlung eine Buchung erforderlich, nur um die Tür zu öffnen: Es empfiehlt sich also, für Zugangskontrollzwecke **eigene Terminals** zu ver-

wenden. Eine Hilfslösung besteht darin, auf dem Terminal eine Taste "Türöffnung" anzubringen, bei deren Betätigung kein Datensatz gespeichert wird. Diese Lösung ist jedoch selbstverständlich für den Betriebsrat schwer nachzuvollziehen und zu kontrollieren, dafür von der Geschäftsleitung aber leicht "unbeabsichtigt" zu umgehen.
Es sollte auch darauf geachtet werden, daß eine genügend große Anzahl von Terminals zur Verfügung steht, damit sich nicht zu Arbeitszeitbeginn Schlangen vor dem Werkstor bilden, weil der Computer die Tür zu langsam "aufmacht".

3. **Zutrittsberechtigungs-Regelungen**
Zunächst muß geregelt werden, wer Zutrittskarten erhält. Dabei ist zu berücksichtigen, daß nach Installation der Zutrittsschleusen dieses Privileg erforderlich ist, um überhaupt in den Betrieb bzw. bestimmte Betriebsteile "einzudringen".

Für alle Personengruppen muß daher geregelt werden:

- Aus welchen Zonen und Betriebsteilen werden sie ausgeschlossen, bzw. andersherum: In welchen Betriebsteilen haben sie Zutritt?
- Zu welchen Zeiten des Tages haben sie unbehindert Zutritt?

4. **Archivierung, Speicherung und Sofortmeldungen**
Zunächst stellt sich die Frage, ob überhaupt eine Speicherung vom Betriebsrat zugelassen werden soll. Dieses ist in den allermeisten Fällen nicht zu rechtfertigen! Wenn der Betriebsrat eine Archivierung und Speicherung der Daten zuläßt, kann geregelt werden, zu welchen Zeiten gespeichert wird (beispielsweise nur außerhalb betriebsüblicher Zeiten zwischen 20.00 Uhr und 5.00 Uhr morgens an Werktagen sowie an Sonn- und Feiertagen).
Weiterhin ist zu geregeln, wann diese Daten wieder gelöscht werden. Da sie zur Abrechnung nicht erforderlich sind, können sie normalerweise spätestens am nächsten Tag gelöscht werden, wenn feststeht, ob "Katastrophen" wie Diebstähle etc. vorgekommen sind oder nicht.

Zugangskontroll-Systeme lassen es auch zu, daß für bestimmte Personen an bestimmten Eingangsterminals zu bestimmten Zeiten auf bezeichneten Ausgabegeräten wie Lampen oder Druckern Sofortmeldungen erfolgen. Dies kann auch auf "unberechtigte Zutrittsversuche" beschränkt werden, d.h. auf den Fall, daß nichtberechtigte Personen versuchen, sich "Zutritt zu verschaffen". In der Regel läßt sich auch dieses Vorgehen gegenüber den Schutzinteressen der Beschäftigten vor überhöhten Kontrollen nicht rechtfertigen.

Lehreinheit 3

Nutzungsmöglichkeiten für die Geschäftsleitung und Risiken für die Beschäftigten

Inhalt

Lernziele	3−3
Kurzfassung	3−4
Langfassung	
AS 1 Auswertungsmöglichkeiten in AZEV-Systemen	3−6
AS 2 Zielgerichtete Nutzung der AZEV-Daten	3−9
AS 3 Zusammenfassung der Risiken	3−10
AS 4 Informationsbedarf des Betriebsrates	3−15
Arbeitstransparent 4301 mit Overlay	3−16
Arbeitsblätter 4301 bis 4315	3−19

Lernziele

Diese Lehreinheit soll dazu dienen, den TeilnehmerInnen zu verdeutlichen, daß AZEV-Systeme in der Regel entsprechend dem Interesse der Arbeitgeber bzw. der Personalabteilung programmiert sind und somit die gespeicherten Daten und die Funktion der Systeme weit über die Erfordernisse eines Abrechnungsprogramms hinausgehen.

Sie sollen erkennen,

- an welchen Stellen im Vergleich zu konventionellen Systemen den Beschäftigten nicht angerechnete Zeit »verloren«gehen könnte (»Zeitknabber-Effekte«);
- wie AZEV-Systeme genutzt werden können, um auch über lange Zeiträume hinweg »Unregelmäßigkeiten« aufzudecken;
- wie sich AZEV-Systeme als Grundlage zur Fehlzeitenreduzierung effektiv nutzen lassen;
- wie AZEV-Systeme als Grundlage zur Personalauswahl effektiv eingesetzt werden können und
- welche Arbeitsgänge und Teilfunktionen durch AZEV-Einführung gegebenenfalls wegfallen können.

Aufbauend auf Lehreinheit 1 (Ziele und Aufgaben der Personalabteilung) und 2 (Funktionen eines computergestützten AZEV-Systems) sollen nun die Folgen der Anwendung des AZEV-Systems für die Betroffenen erarbeitet werden. Dabei liegt der Schwerpunkt auf den Bereichen

- Verhaltenskontrolle der Beschäftigten

sowie

- Verbesserung der Personalplanungsinstrumente.

Die Risiken sollen den SeminarteilnehmerInnen umfassend deutlich werden, um sie für ihre eigene Situation abschätzen und durch Beteiligung des Betriebsrates begrenzen zu können.

Da in dieser Lehreinheit das in den vorausgegangenen Lehreinheiten erworbene Wissen angewendet wird, ist eine Lernzielkontrolle in Form von Gruppenübungen sinnvoll.

Kurzfassung

Lerninhalte	Methodisch-didaktische Hinweise
AS 1 Auswertungsmöglichkeiten in AZEV-Systemen	
Einleitung: Nutzen und Risiken	Lehrgespräch, Arbeitsblatt 4306
Erfaßte und gespeicherte Ereignisse	Stillarbeitsphase mit Arbeitsblatt 4104
	Zeitbedarf: ca. 15 Min.
Beschreibung der Auswertungsmöglichkeiten	Arbeitsblatt 4209
1.1 Listen	Exemplarische Veranschaulichung anhand von ausgewählten Beispielen gemäß den Arbeitsblättern 4308, 4309, 4306, 4305, 4302, 4311
1.2 Freie Abfragen	Arbeitsblatt 4201 und 4313
1.3 Systematisierung der Auswertungsmöglichkeiten	Arbeitsblatt 4309, Folie 4301 mit Overlay
	Zeitbedarf: ca. 25 Min.
AS 2 Zielgerichtete Nutzung der AZEV-Daten	
2.1 Kontrolle einzelner Beschäftigter	Gruppenübung 1 (Zeitbedarf: ca. 40 Min.) anhand Arbeitsblatt 4301 sowie mit den Arbeitsblättern 4302 bis 4314
2.2 Fehlzeitenanalyse	Gruppenübung 2 (Zeitbedarf: ca. 40 Min.) anhand Arbeitsblatt 4301 sowie mit den Arbeitsblättern 4302 bis 4314 und 4102
	Zeitbedarf: ca 70 Min.
AS 3 Zusammenfassung der Risiken	
3.1 Rationalisierung	Lehrgespräch Arbeitsblatt 4103 Zusammenfassung anhand Folie 4106
3.2 Kontrolle	
3.3 Verlust der Zeithoheit	Arbeitsblatt 4201
3.4 Verbesserung der Personalplanungsinstrumente	Arbeitsblatt 4315, Folie 4113
	Zeitbedarf: ca. 20 Min.

AS 4 Informationsbedarf des Betriebsrates
(nur bei Seminarunterbrechung)

Dokumentation der bisherigen Ergebnisse ergänzen, strukturieren und zusammenfassen
Zeitbedarf: ca. 20 Min.

Gesamter Zeitbedarf
(ohne AS 4): ca. 130 Min.

Langfassung

1. Auswertungsmöglichkeiten in AZEV-Systemen

Einleitung: Nutzen und Risiken

Für die Belange der Beschäftigten ist neben dem Tagesauswertungsprogramm die Monatsauswertung mit vollständiger und übersichtlicher Angabe aller eigenen Daten unmittelbar nötig (vgl. **Arbeitsblatt 4306**). Alle sonstigen Auswertungsmöglichkeiten dienen dem »Bedarf« und den Anforderungen der Personalabteilungen und Geschäftsleitungen. Ohne Böswilligkeit unterstellen zu müssen, bringen diese neuen Möglichkeiten eine Vielzahl von technischen Verhaltenskontrollen und einen damit verbundenen Überwachungsdruck.

Verglichen mit den bisherigen Verfahren der Arbeitszeitabrechnung und -kontrolle werden sehr viel mehr Ereignisse sehr viel genauer und unbeeinflußbarer ggf. über längere Zeiträume im Computer festgehalten. **Arbeitsblatt 4104** hat die täglich anfallende Menge von Arbeitszeitdaten gezeigt. Werden diese Daten durch anonyme Kontrolleinrichtungen erfaßt und verarbeitet, so ist der Persönlichkeitsschutz des einzelnen Arbeitnehmers betroffen, weil ein Überwachungsdruck besteht.

Betrachten wir als Beispiel wiederum Arbeitsblatt 4104. Hier wird sich Frau Kohl genau überlegen, ob sie tatsächlich eine »Kernzeitverletzung« in Kauf nimmt, nur um ihr Licht am Auto abzuschalten oder ob sie ihre Kopfschmerzen nicht auf 15.30 Uhr verlegen sollte. Ist der Besuch der Betriebsversammlung noch ratsam, wenn vorher ausgebucht werden muß?

Beschreibung der Auswertungsmöglichkeiten

Man kann unterscheiden zwischen festprogrammierten Auswertungen (vgl. **Arbeitsblatt 4209**) – auch Listen genannt (1.1) – und auf einfache Weise von der Personalabteilung selbst zu erstellenden »freien« Auswertungen. Diese werden auch als »Querys« oder »freie Abfragen« bezeichnet (1.2).

1.1 Listen

Anwesenheitslisten:

Bei Verknüpfung von Stamm- und Buchungsdaten lassen sich Anwesenheitslisten oder -übersichten erstellen (vgl. **Arbeitsblatt 4308**).

Lampen-Tableaus:

Manche Hersteller bieten auch Lampen-Tableaus an. Jedes Lämpchen symbolisiert dann eine/n an- oder abwesende/n Beschäftigte/n. Bei Anwesenheit leuchtet das zugehörige Lämpchen.

Monatsübersichten:
Bei Verknüpfung von Buchungsdaten und Zeitkonten einer bestimmten Person lassen sich personenbezogene Auswertungen erstellen. Im einfachsten Fall werden die wichtigsten Zeitkonten einer Person zusammengestellt (**Arbeitsblatt 4309**).

Mitarbeiterprotokolle:
Hiermit bezeichnet man eine Aufstellung sämtlicher Buchungen eines Mitarbeiters im Laufe eines Monats (vgl. **Arbeitsblatt 4306**). Diese Auswertung ist selbstverständlich für die abgerechneten Beschäftigten zur Überprüfung der Richtigkeit ihrer Abrechnung erforderlich. Sie ist aber oft so gestaltet, daß als Ausnahmen und Abweichungen nur Verstöße gegen die betriebliche Arbeitszeitregelung gekennzeichnet sind. Dieses Thema wird in der Lehreinheit 4 weiterbehandelt.

Fehlzeiten-Auswertungen:
Einen Überblick über Fehlzeiten und Verstöße gegen die betriebliche Arbeitszeitregelung ist für die Personalabteilung oft von großem Interesse, und somit bieten die meisten Hersteller von AZEV-Systemen mehr oder weniger gute Auswertungsmöglichkeiten zu diesen Themen. Dabei spielen oftmals die Abweichungen von der Norm (beispielsweise Arbeitszeitregelung oder Durchschnitt) eine entscheidende Rolle. Meist handelt es sich um Verknüpfungen von Zeitkontendaten und Personalstammdaten. Die **Krankheitshistorie** ist bezogen auf eine Person und einen angegebenen Abrechnungszeitraum (vgl. Beispiel in **Arbeitsblatt 4305**). Die **Fehlzeitenübersicht** stellt für einen Beschäftigten in Form eines Jahreskalenders alle Fehltage mit Angabe der Fehlzeitenart zusammen (vgl. Beispiel in **Arbeitsblatt 4302**). Die **Krankheitsauswertung** kann für den ganzen Betrieb oder ausgewählte Abteilungen durchgeführt werden (vgl. **Arbeitsblatt 4311**). In dieser Auswertung läßt sich sogar unterscheiden, ob die krankheitsbedingte Abwesenheit nachweispflichtig war (ab 3 Tage Abwesenheit) oder nicht (bis 3 Tage Abwesenheit).

1.2 Freie Abfragen

Zur Verdeutlichung der sich bei freien Abfragen ergebenden Möglichkeiten wird der Originaltext eines AZEV-Herstellers herangezogen. Unter dem Stichwort »Personalauswertung« sagt das IPEV-Handbuch von Hengstler (vgl. Literaturliste Nr. 22):

»Die ›Personalauswertung‹ ist ein sehr mächtiges Modul und entspricht einer Query-Abfrage des Personalstamms. Sämtliche Felder der Personalstamm-Kopfdaten (vgl. **Arbeitsblätter 4201** und **4313**, Seite 3, Anmerkung der Autoren) stehen zur Auswahl. Diese Felder können durch logische Verknüpfungen (›UND‹, ›ODER‹) kombiniert werden. Die auf diese Weise selektierten Mitarbeiter können in einer frei generierbaren Liste ausgedruckt werden. Diese Liste kann ebenfalls als Datei abgelegt werden. Weitere Ausgabeformen sind Serienbrief und Adreßaufkleber.«

Arbeitsblatt 4313, Seite 3, zeigt die zur Personalauswertung gehörige Feldliste. »Query« bedeutet den direkten Zugriff auf den Inhalt eines Datenfeldes. »Selektion« meint Auswahl einer Teilmenge von Datensätzen (hier: Auswahl von Beschäftigten) nach angebbaren Kriterien.

1.3 Systematisierung der Auswertungsmöglichkeiten

Zeitkonten können auch nach verschiedenen Kennzeichen in den Stammdaten ausgewertet werden. Man spricht dann von Auswahlen oder Selektionen. Als Beispiel dient die »Monatsübersicht« (**Arbeitsblatt 4309**). In dieser Auswertung kann selektiert werden nach:
1. Personal-Nr.,
2. Ausweis-Nr.,
3. Abteilung,
4. Name, Vorname,
5. Kennzeichen.

Je nach Art der Auswertung sind damit möglich:
– Abteilungsvergleiche,
– Auswertung nach Geschlecht,
– ... oder Nationalität,
– ... oder Schichten,
– ... oder Angestellte gegen ArbeiterInnen,
– Betriebsratskennzeichnungen, die zu Diskriminierungen führen können,

je nachdem, welches Kennzeichen in den Stammdaten vermerkt ist. Diese Möglichkeiten können von der Personalabteilung genutzt werden, um »Schwachstellen zu lokalisieren« und deren Beseitigung vorzubereiten.

Der Arbeitsschritt dient der Vorbereitung der Gruppenübung; er wird durch ein kurzes überblickartiges Lehrgespräch eingeleitet. Es schließt sich eine Stillarbeitsphase mit **Arbeitsblatt 4104** an; die Ergebnisse werden im Plenum besprochen (Zeitbedarf ca. 10 Minuten).

Die zu behandelnden Listen und freien Abfragen können durch die angegebenen Arbeitsblätter exemplarisch verdeutlicht werden. Alternativ eignet sich eine Demonstration an einem echten AZEV-System, insbesondere die Demonstration von Monatsübersicht, Mitarbeiterprotokollen, Krankheitshistorie, Fehlzeitenübersicht, Krankheitsauswertung und freien Abfragen. Die genannten Arbeitsblätter wurden als Ausdrucke des IPEV-Systems (Fa. Hengstler) mit selbst eingegebenen fiktiven Daten erstellt.

Falls nur ein PC ohne AZEV-System zur Verfügung steht, kann die Demonstrationssoftware der TBS-Diskette (vgl. Bezugshinweis im Umschlaginnenteil) eingesetzt werden. Folgende Themen kommen in Frage:
– Möglichkeiten einer Abfragesprache (vgl. Rechnereinsatz Nr. 2 in Band 1 Lehreinheit 2),
– Möglichkeiten eines Personalinformationssystems (vgl. Rechnereinsatz Nr. 1 in Band 2 Lehreinheit 2)

Als Zusammenfassung der möglichen Auswertungsarten kann die **Folie 4301** mit dem entsprechenden **Overlay** für die verschiedenen Auswertungsmöglichkeiten verwendet werden. Dabei wird zunächst Folie 4301 ohne Overlay aufgelegt. Die

Feststellung der abteilungsweisen Krankenstände entspricht in der Regel den Möglichkeiten, die sich auch ohne Computersysteme bieten. Auf Overlay 1 sind exemplarisch für jeweils eine Abteilung die vier Differenzierungen aufgezeigt:
- Fehlzeitenarten: Krankheit und Urlaub
- Wochentage Montag bis Freitag
- Dauer > bzw. < bzw. = 3 Tage
- Geschlecht.

Natürlich kann auch nach anderen Merkmalen ausgewertet werden, beispielsweise
- Alter
- Nationalität
- etc.

Wichtig ist, an dieser Stelle noch einmal darauf hinzuweisen, wie aufwandsarm solche Auswertungen durchgeführt werden können. Da dieser Arbeitsschritt (Lehrgespräch) im wesentlichen die für die spätere Gruppenübung nötigen Arbeitsblätter vorstellen soll, reicht es aus, die Auswertungsmöglichkeiten kurz anzusprechen; sie werden erst im Anschluß an die Gruppenübung (vgl. Arbeitsschritt 2) vertiefend behandelt.

2. Zielgerichtete Nutzung der AZEV-Daten

2.1 Kontrolle einzelner Beschäftigter

Aus Sicht des Managements vieler »durchorganisierter Betriebe« werden MitarbeiterInnen zu Produktionsfaktoren. Ihr Nutzen hängt nicht nur von der Qualität ihrer Arbeit, sondern auch von ihrer Verplanbarkeit und Verfügbarkeit für das Unternehmen ab. Kranke Kinder (kurzfristige Inanspruchnahme von Urlaub), lange oder unzuverlässige Anfahrtswege (häufige Verspätungen), intensive außerbetriebliche Interessen (Inanspruchnahme von Arbeitnehmerweiterbildungsurlaub), chronische Krankheiten (regelmäßige Arztbesuche), Betriebsratsarbeit (und sei sie qualitativ noch so gut), selbst Teilnahme an Betriebsversammlungen oder Inanspruchnahme von bezahlten Freistellungsansprüchen (beispielsweise bei Umzug, Heirat etc.) können in den »Augen« des wirtschaftenden Betriebes durchaus nachteilig bewertet werden.

AZEV-Systeme sind daher oftmals nicht als **Anwesenheits**-, sondern als **Abwesenheits-Zeitverarbeitungs- und Erfassungs-Systeme (AZEV)** ausgelegt. Sie erlauben in bislang ungekanntem Maße

- aktuelle,
- umfassende,
- übersichtliche,
- langfristige,
- exakte und
- aufwandsarme

Informationen über das Zeitverhalten der Beschäftigten. Das Bewußtsein, überwacht zu werden, bleibt nicht ohne Folgen auf das Verhalten des einzelnen. Er sieht sich einem Überwachungsdruck ausgesetzt, der ihn bei der Wahrnehmung seiner Rechte behindert. Auch muß er damit rechnen, daß ihm alleine durchaus im Rahmen des Üblichen liegende Verstöße und Abweichungen zur Last gelegt werden (vgl. Gruppenübung 1 nach **Arbeitsblatt 4301**).

2.2 Fehlzeitenanalyse

Bezahlte Fehlzeiten sind im betriebswirtschaftlichen Sinne Kosten ohne direkte Gegenleistung — alleine der Name »**Fehlzeiten**« drückt dieses ja aus. Fehlzeiten sollen also gering gehalten werden.

Von den verschiedenen Fehlzeitenarten sind naturgemäß tariflich abgesicherte »Fehlzeiten« wie Urlaub oder Freistellungstage auf betrieblicher Ebene weitaus schwieriger zu beeinflussen als die vom Verhalten der einzelnen abhängigen »Fehlzeiten« wie »Verspätungen«, »unbegründete Abwesenheiten«, »Krankheitstage«, »Arztbesuche während der Arbeitszeit«, »Inanspruchnahme von Arbeitnehmerweiterbildungsurlaub« etc. Um die vom Institut der Deutschen Wirtschaft geforderte Analyse der Fehlzeitenursachen (vgl. Lehreinheit 1, **Arbeitsblatt 4102**) durchzuführen, werden Auswertungsmöglichkeiten, Übersichten etc. des AZEV-Programms verwendet: Buchungsdaten, Zeitkonten- und Stammdaten werden miteinander verknüpft (vgl. hierzu auch die Gruppenübung 2 nach **Arbeitsblatt 4301**).

Vor dem Hintergrund der in Arbeitsschritt 1 im kurzen Lehrvortrag vorgestellten Auswertungsmöglichkeiten wird der Arbeitsschritt 2 in Form von Gruppenübungen durchgeführt. Hierbei kann entweder eine der beiden Gruppenübungen des **Arbeitsblattes 4301** oder es können beide Übungen in parallelen Arbeitsgruppen durchgeführt werden. Jeder Gruppe wird neben der Aufgabenstellung auch ein Satz der angegebenen Arbeitsblätter zur Verfügung gestellt. Dabei entsprechen die Nummern 1 bis 13 auf **Arbeitsblatt 4301**, Seite 2 (»Verzeichnis der Auswertungsmöglichkeiten«) den 13 **Arbeitsblättern 4302** bis **4214**. Nach Durchführung der Arbeitsgruppe erläutern die ArbeitsgruppensprecherInnen ihre Ergebnisse anhand der ausgewählten Auswertungsmöglichkeiten, Arbeitsblätter bzw. anhand der beschrifteten Leerfolie. Steht ein AZEV-System zur Verfügung, kann das Vorgehen der Geschäftsleitung durch Aufruf der entsprechenden Auswertungsmöglichkeiten demonstriert werden. Hinweise auf die vertiefende Behandlung der Auswertungsmöglichkeiten im Anschluß an die Gruppenübung gibt der Text der Langfassung von Arbeitsschritt 1 und 2.

---

3. Zusammenfassung der Risiken

Die Risiken des AZEV-Einsatzes für die Beschäftigten lassen sich in vier Gruppen gliedern.

3.1 Rationalisierung

Wie aus den bisherigen Ausführungen deutlich geworden ist, fällt für Lohn-/Gehaltsabrechnung und Personalabteilung eine ganze Reihe von – teilweise qualifizierten – Arbeitsgängen weg. Immer wieder weisen Personalabteilungen und Arbeitgeber zwar darauf hin, daß auch ohne EDV schon Statistiken und Übersichten geführt worden sind; sie lenken aber davon ab, daß die zuständigen Abteilungen mit
- manueller Kontenführung,
- manueller Zuordnung und Verrechnung der entsprechenden prozentualen Zuschläge beispielsweise für Mehrarbeit und
- Führen von Schichtplänen

so ausgelastet sind, daß sie für
- Führen von Anwesenheitslisten,
- Erstellung von Krankheitsstatistiken etc.

ohnehin zu wenig Zeit haben. Zumindest von diesen Tätigkeiten werden sie durch die Einführung des AZEV-Systems »entlastet«. Wenn bislang Stempelkarten in großer Zahl ausgerechnet werden mußten, möglicherweise noch bei Schichtbetrieb mit mehreren Zuschlagssätzen, sind durchaus Arbeitsplätze von WerkstattschreiberInnen oder in der Personalabteilung gefährdet (vgl. **Folie 4106**).

Wird mit Einführung des AZEV-Systems gleichzeitig an die Nutzung von Zugangskontrolleffekten, beispielsweise am Werkstor, gedacht, folgen oftmals auch Überlegungen, Pförtner-Arbeitsplätze einzusparen.

Der Umfang der Rationalisierungseffekte ist von Fall zu Fall außerordentlich unterschiedlich. Am deutlichsten gehen die geplanten Einsparungen aus der Wirtschaftlichkeitsrechnung hervor. Eine Einsparungskalkulation ist auf **Arbeitsblatt 4103** notiert. In diesem Falle werden ein Viertel einer Verwaltungskraft und eine halbe Pförtnerstelle eingespart.

Der Betriebsrat sollte auf jeden Fall vom Arbeitgeber (schriftlich!) die Information einholen, welche personellen Maßnahmen, insbesondere Einsparungen, geplant sind.

3.2 Kontrolle

Eine umfassende Kontrolle der Beschäftigten ergibt sich durch die vielfältigen Auswertungsmöglichkeiten, die bereits ausführlich dargestellt wurden.

3.3 Verlust der Zeithoheit

Neben dem Nachteil, daß die Beschäftigten, die bisher auf Stempelkarten ihre Zeit festhalten mußten, keinen aktuellen Überblick mehr über ihre Buchungen aus der letzten Zeit haben, liegt die hauptsächliche Problematik für die Beschäftigten bei den sogenannten »Zeitknabber-Effekten«:

1. Es kommt vor, daß die letzte Gehen-Buchung versehentlich oder aufgrund dienstlicher Zusammenhänge (beispielsweise Dienstgang ohne Rückkehr zum Ar-

beitsplatz) unterlassen wurde. In den meisten Systemen wird dann keine Arbeitszeit für diesen Tag gutgeschrieben. Die betreffende Person erscheint vielmehr in der Fehlerliste des nächsten Tages, da kein Fehlzeitgrund eingetragen war. Manchmal werden für solche Beschäftigten anstelle des tatsächlichen Buchungszeitpunktes vom System Ersatzbuchungen eingetragen, die vor dem tatsächlichen Arbeitsende liegen.

Im IPEV-System wurde für Personal-Nr. 4444 (Helga Kohl) unter der Dienstgangberechtigung im Personalstammsatz ein »A« für »automatischer Ersatzzeitpunkt« eingetragen. Dieser Ersatzzeitpunkt ist im Tagesplan 001 festgehalten (Arbeitsblatt 4205). Für Personal-Nr. 4443 (Sigi Sonder) sei unter »Dienstgang« ein »D« für Dienstgangberechtigung eingetragen. Bei beiden Beschäftigten kann die Auswirkung auf die Zeitkonten erklärt werden (vgl. **Arbeitsblatt 4201**). Frau Kohl habe beispielsweise ein Gleitzeitmodell mit einer regelmäßigen täglichen Arbeitszeit von 7,5 Stunden und einer Kernzeit von 9.00 bis 15.00 Uhr. Nach einem Dienstgang kehrt sie nicht in das Büro zurück und kann daher auch nicht »Gehen« buchen. Ein ungünstiges AZEV-System trägt ihr als »Ersatzzeitpunkt« 15.00 Uhr ein, also das frühestmögliche Arbeitszeitende.

2. Bei nicht erfolgten Buchungen während eines Tages, an dem kein Abwesenheitsgrund von der Personalabteilung eingetragen wurde, wird in der Regel keine Arbeitszeit gutgeschrieben. Frau Kohl muß sich also am nächsten Arbeitstag ihre Zeit zurückholen!

3. Bezahlte Abwesenheiten, beispielsweise Arztgänge, die während der Arbeitszeit erledigt werden müssen, werden im Gegensatz zu »früher« (ohne EDV-gestützte AZEV) »automatisch« von der angerechneten Arbeitszeit subtrahiert.

Nach § 616 BGB oder u.U. auch nach Tarifvertrag sind beispielsweise notwendige Arztgänge während der Arbeitszeit vom Arbeitgeber zu bezahlen. Besteht für solche Fälle eine Buchungspflicht, so wird möglicherweise die Zeit zunächst subtrahiert und muß – ggf. »mit Beweispflicht« – später wieder zurückgeholt werden.

Bei allen diesen Fällen muß der/die betroffene Beschäftigte neben der selbstverständlichen Abmeldung beispielsweise bei der/dem Vorgesetzten aktiv werden, damit berechtigt geleistete bzw. zu bezahlende Arbeitszeiten auch vergütet werden. Ohne eigene Aktivitäten (beispielsweise Anträge, Änderungszettel etc.) geschieht dies nicht.

4. Wird die Mittagspause gebucht (entweder beim Verlassen des Werksgeländes oder am Kantineneingang), gilt in der Regel das Verrechnungsprinzip. Dies führt in unserem Beispiel (siehe **Arbeitsblatt 4205**) zu folgender Konsequenz:

Für die mindestens 30minütige Mittagspause ist der Zeitraum 12.00 bis 14.00 Uhr vorgesehen. Frau Kohl geht verspätet von 13.41 bis 14.11 Uhr zum Imbiß gegenüber, vielleicht sogar aus dienstlichen Gründen. Wenn sie die Pause buchen muß und das AZEV-System ungünstig rechnet, werden ihr 41 Minuten abgezogen (30 Minuten Mindestpause (im »Pausenrahmen« 12–14 Uhr) plus 11 Minuten »Kernzeitverletzung«).

5. Über »Rundungsformeln«, insbesondere beim Arbeitsbeginn, werden bei Abweichungen vom Beginn gemäß Arbeitszeitregelung möglicherweise Strafzeiten subtrahiert.

Im Stammdatensatz von Personal-Nr. 4444 ist die Rundungsformel beschrieben: Helga Kohl hat über Rundungsformel 1 einen 15-Minuten-Abzug bei Verspätungen über 1 Minute zu befürchten.

6. Kappungsgrenzen: Gemäß Arbeitszeitregelung werden bei Überschreitungen von festgelegten (hoffentlich) vereinbarten Grenzen Zeiten im AZEV-System gekappt. Dies betrifft
   - Urlaubstage, wenn sie bis zu einem bestimmten Zeitpunkt nicht genommen oder angetreten wurden,
   - Gleitzeitguthaben bei Überschreitung des Maximalguthabens,
   - Mehrarbeit an »nicht zugelassenen« Terminen.

Den drei letzten Fällen ist gemeinsam, daß früher (ohne EDV-gestützte AZEV) oftmals im Kulanzwege, zum Teil auch aufgrund betrieblicher Bedingungen, Überschreitungen geregelt wurden. Bei AZEV-Systemen gibt es oft keine Instanz mehr, die vor der Arbeitszeitstreichung nach Berechtigungen oder Gründen fragt. Zusätzlich ist zu bedenken, daß die Abzüge möglicherweise auch aufgrund von nicht aktuellen Daten zustande gekommen sind. Beispielsweise kann die Kappung von Gleitzeitguthaben über einer festgelegten Grenze (von beispielsweise 10 Stunden) darauf zurückzuführen sein, daß zu dem Zeitpunkt (z.B. durch genehmigte, aber nicht ins AZEV-System eingegebene Überstunden) ein zu hoher Gleitzeitsaldo ausgewiesen wurde, bei dem das Monatsabrechnungsprogramm die Kappung vorgenommen hat.

3.4 Verbesserung der Personalplanungsinstrumente

Auch für die Personaleinsatzplanung bieten AZEV-Systeme den Personalabteilungen oft Unterstützung. Für die betroffenen Beschäftigten muß befürchtet werden, daß ihre eigenen Vorstellungen im Programm nicht oder ungenügend Berücksichtigung finden. Im folgenden werden drei Beispiele für solche Planungs-Programme vorgestellt.

a) Freischichtenplanung

Mit vielen AZEV-Systemen ist eine Freischichtenplanung möglich. Hengstler beschreibt die Möglichkeiten des IPEV-Systems so: »Die folgende Lösung zur Freischichtenplanung hat sich insbesondere in Mittel- und Großbetrieben bewährt, in denen eine automatisierte, gleichmäßige Verteilung und weniger eine individuelle, manuelle Vergabe der Freischichten angestrebt wird. Diese Lösung sorgt somit für eine möglichst gerechte Vergabe der Freischichten und berücksichtigt gleichzeitig die betrieblichen Erfordernisse. Die Verteilung der Freischichten ist nicht willkürlich und kann vom Mitarbeiter in der Regel auch nicht beeinflußt werden.«

Die »Gerechtigkeit« besteht darin, daß alle Mitarbeiter gleich wenig Einfluß auf die Freischichtenplanung haben und statt dessen nur betriebliche Erfordernisse eine

Rolle spielen. Bei der automatisierten Freischichtenplanung stellt sich gleichzeitig die Frage nach der Rolle des Betriebsrates und der Einschränkung seiner Mitbestimmungsrechte.

b) Urlaubsplanung

Es gibt Fälle, in denen die Personalabteilung computergestützt überprüft, ob ein bestimmter festgelegter Anteil (beispielsweise 18%) der »durch Urlaub Abwesenden« in den Abteilungen überschritten wird. In diesem Fall können Urlaubsanträge ohne Berücksichtigung der Einschätzung der direkten Vorgesetzten abgelehnt werden. In anderen Fällen soll der Urlaub rechnergestützt so abgegolten werden, daß er mit dem vorhersehbaren Arbeitsanfall übereinstimmt. Schließlich kann die Urlaubsplanung auch als Grundlage dafür dienen, die Besetzung von »allzu großen Urlaublücken« mit Beschäftigten aus anderen Abteilungen vorzubereiten (vgl. **Arbeitsblatt 4312**).

c) Personaleinsatzplanung

Die Personaleinsatzplanung bestimmt auf Grund eines Vorgabewertes, z.B. Umsatz einer Abteilung, die Anzahl der benötigten Arbeitskräfte. Somit kann eine optimale Personalbesetzung im voraus geplant werden. Im nachhinein lassen sich dann die Planwerte mit den Istwerten vergleichen. Im IPEV-System können beispielsweise tages- und stundenweise Leistungsvorgaben nach Erfahrungswerten eingegeben oder automatisch aus den Vorjahren übernommen bzw. durch Eingabe von Tagesleistung umverrechnet werden. Am Bildschirm wird dem Planer im voraus angezeigt, wie viele Mitarbeiter zu einer bestimmten Uhrzeit in der Abteilung anwesend sein müssen (vgl. **Arbeitsblatt 4315**, dritte Kopfzeile). Ferner werden alle Arbeitskräfte nach Beschäftigungsart und mit aufgelaufenen Arbeitsstunden und aufgelaufenem Saldo so angezeigt, daß sie auf die Zeitintervalle verteilt werden können (**Arbeitsblatt 4315**, mittleres Feld). Nach Ablauf des entsprechenden Zeitintervalls lassen sich Soll-/Ist-Vergleiche durchführen. Dazu werden die Leistungsstunden anhand des Ist-Umsatzes, die Arbeitsstunden aufgrund der Buchungen des Arbeitszeiterfassungssystems errechnet. Sie dienen als Grundlage für die nächste Personalbemessung.

Die Zusammenfassung der Risiken wird in Form eines kurzen Lehrgesprächs durchgeführt. Der Zusammenhang zwischen Zwecken von AZEV-Systemen, Aufgaben des Personalwesens und den Risiken für die Beschäftigten kann anhand von **Folie 4113** (nun komplett aufgedeckt) dargestellt werden.
Sind noch Karten im »Offene-Fragen-Register« für Lehreinheit 3 zu bearbeiten?

4. Informationsbedarf des Betriebsrates

Falls das Seminar in zwei Tagesblöcken mit zeitlichem Abstand durchgeführt wird (vgl. Einleitung, Abschnitt III.), sollte jetzt der Informationsbedarf des Betriebsrates, der im Laufe des Tages auf dem Flipchart »Benötigte Informationen« zusammengetragen wurde, ergänzt, strukturiert und zusammenfassend diskutiert werden. Entsprechende Hinweise finden sich in Lehreinheit 5, Arbeitsschritt 2. Die Unterbrechung des Seminars kann genutzt werden, um sich die nötigen Informationen von der Geschäftsleitung zu besorgen.

Arbeitstransparente

4301 Auswertungsmöglichkeiten von Arbeitszeitdaten
4301 O Overlay zu Folie 4301

Auswertungsmöglichkeiten von Arbeitszeit-Daten

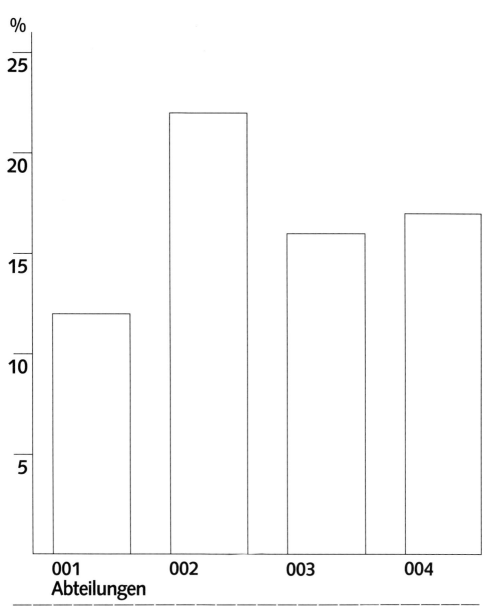

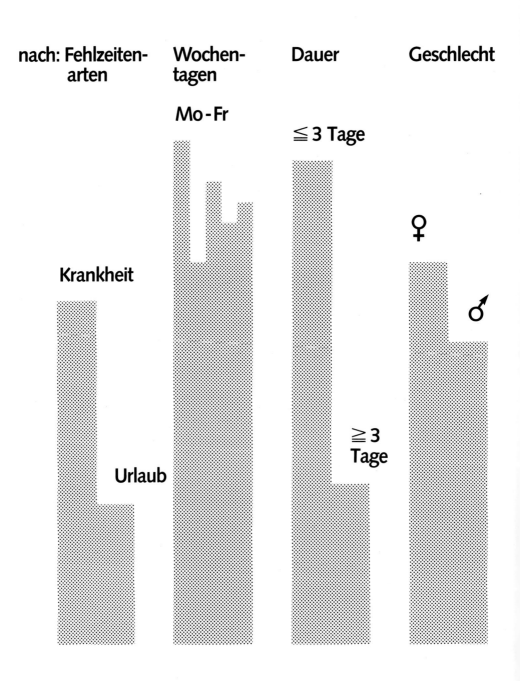

Arbeitsblätter

4301	Personalkontrolle und Fehlzeitenanalyse (4 Seiten)
4302	Fehlzeitenkalender (Beispiel)
4303	Zeitkonten lfd. Jahr (Beispiel)
4304	Fehlzeitenübersicht (Beispiel)
4305	Krankheitshistorie (Beispiel)
4306	Mitarbeiterprotokoll (Beispiel)
4307	Fehlerprotokoll (Beispiel) / siehe A 4427
4308	Anwesenheitsliste (Beispiel)
4309	Monatsübersicht (Beispiel)
4310	Lohnliste (Beispiel)
4311	Krankheitsauswertung (Beispiel)
4312	Urlaubsplanung (Beispiel)
4313	Personalauswertungen (Beispiele, 3 Seiten)
4314	Sollzeitenabweichungsliste (Beispiel)
4315	Personalplanung: Soll-/Ist-Vergleich (Beispiel)

TBS
Technologieberatungsstelle beim DGB Landesbezirk NRW   Computertechnik für Arbeitnehmervertreter

Personalkontrolle und Fehlzeitenanalyse

Technokrat GmbH.
Geschäftsleitung

An den
Betriebsrat
im Hause

Betr.: Geplante Einführung eines Arbeitszeiterfassungs- und
-verarbeitungs-System (AZEV)

Sehr geehrte Damen und Herren des Betriebsrates,

gemäß § 90 Betriebsverfassungsgesetz informieren wir Sie hiermit, daß wir in die Planungsphase bezüglich der Einführung eines computergestützten AZEV-Systems eingetreten sind.

Wir beabsichtigen mit der Einführung lediglich die rationellere Vorbereitung der Lohn- und Gehaltsabrechnung (Ablösung der veralteten Stempeluhren). Z.Z. laufen die Planungen darauf hinaus, das System IPEV der Fa. Hengstler zu kaufen. Dabei handelt es sich um eine Standardsoftware, zu der wir Ihnen folgende Unterlagen zusammengestellt haben:

- Stammdatenverzeichnis
- Verzeichnis aller Auswertungsmöglichkeiten

Der Vollständigkeit halber weisen wir Sie darauf hin, daß es sich bei der Auswertung 12 "Personalauswertung" um eine flexible Auswertungssprache (Query) handelt.

Sehen Sie sich bitte die Unterlagen durch, und teilen uns bitte innerhalb einer Woche mit, ob Sie gegen die geplante Einführung des vorgesehenen Systems etwas (Nachvollziehbares) einzuwenden haben.

Mit freundlichen Grüßen

Ihre Geschäftsleitung

Anlage zum Schreiben
der Geschäftsleitung der Fa. Technokrat

Verzeichnis der Auswertungsmöglichkeiten

1. Fehlzeiten-Kalender
   - Vorjahr
   - laufendes Jahr
2. Personalstamm: Zeitkonten
   - Vorjahr
   - laufendes Jahr
3. Personalstamm: Fehlzeiten
   - Vorjahr
   - laufendes Jahr
4. Personalstamm: Krankheitshistorie
5. Mitarbeiter-Protokoll
6. Liste "Fehlerprotokoll" (5 Selektionsmöglichkeiten)
7. Liste "Anwesenheits-Liste" (5 Selektionsmöglichkeiten)
8. Liste "Monatsübersicht" (5 Selektionsmöglichkeiten)
9. Liste "Lohnliste" (5 Selektionsmöglichkeiten)
   - Lohnliste-Einzelprotokoll
   - Lohnliste-Summenprotokoll
10. Liste "Krankheitsauswertung" (5 Selektionsmöglichkeiten)
11. Liste "Urlaubsplanung" (5 Selektionsmöglichkeiten)
12. Liste "Personalauswertung" (beliebig verknüpfte Selektionen, ein Sortierkriterium, feldweise Gestaltung der Ausgabeliste s.beiliegende Personalauswertungs-Feldliste)
13. Liste "Sollzeitenabweichungsliste" (5 Selektionsmöglichkeiten und Angabe des Abweichungsspielraumes)

Personalkontrolle

Gruppenübung 1:
"Personalabbau in der Hauptverwaltung durch Kontrolle einzelner Beschäftigter"

Situation: In der Abteilung 001, Hauptverwaltung, muß Personal abgebaut werden. Am liebsten würde die Personalabteilung MitarbeiterInnen entlassen oder versetzen, denen Fehlverhalten nachgewiesen werden kann.

Unterlagen: Die Auswertungsmöglichkeiten des AZEV-Systems ergeben sich aus dem Schreiben der Geschäftsleitung sowie den zur Verfügung gestellten Unterlagen (in der aufgeführten Reihenfolge in den **Arbeitsblättern 4302 bis 4314** wiedergegeben). Das Stammdatenverzeichnis ergibt sich aus dem Muster in **Arbeitsblatt 4201**.

Aufgaben: Welche möglichen Verfehlungen sind der Beschäftigten Helga Kohl (Personal-Nr. 4444) mit Hilfe des AZEV-Systems nachweisbar? Nennt Beispiele und berücksichtigt dabei insbesondere folgende Auswertungsmöglichkeiten aus den Unterlagen:

    1. Fehlzeitenkalender (lfd. und Vorjahr)
    6. Fehlerprotokoll
    9. Lohnliste-Einzelprotokoll
    10. Krankheitsauswertung
    12. Personalauswertung
    13. Sollzeitabweichungsliste

(40 Minuten)

TBS — Technologieberatungsstelle beim DGB Landesbezirk NRW

Arbeitsblatt 4301 Seite 4

Computertechnik für Arbeitnehmervertreter

Fehlzeitenanalyse

Gruppenübung 2:

"Senkung von Fehlzeiten durch Fehlzeitenanalyse"

Situation: Die Personalabteilung hat festgestellt, daß die "Fehlzeiten" in der Abteilung 001, Hauptverwaltung, "zu hoch" sind. Die TeilnehmerInnen der Arbeitsgruppe übernehmen Aufgaben der Personalabteilung. Es sollen Maßnahmen zur Senkung erwogen werden. Dazu sind die Möglichkeiten des AZEV-Systems zu nutzen.

Unterlagen: Die Auswertungsmöglichkeiten des AZEV-Systems ergeben sich aus dem Schreiben der Geschäftsleitung sowie den zur Verfügung gestellten Unterlagen (in der aufgeführten Reihenfolge in den **Arbeitsblättern 4302 bis 4314** wiedergegeben.) Das Stammdatenverzeichnis ergibt sich aus dem Muster in **Arbeitsblatt 4201**,

Aufgaben
1. Welche der Fehlzeiten (siehe **Arbeitsblatt 4202**) sind "beeinflußbar"?
   - von den ArbeitnehmerInnen (für sich selbst)?
   - vom Arbeitgeber (für den betrieblichen Durchschnitt)?

2. Welche Auswertungen erstellt die Personalabteilung, um die "VerursacherInnen" des "zu hohen" Krankenstandes zu ermitteln?

3. Welche möglichen Konsequenzen werden davon abhängig gemacht?

Hinweis: Konzentriert euch dabei auf die Auswertungen

    8:    Monatsübersicht (aus Listen 1)

  10:    Krankheitsauswertung (aus Listen 2)

  12:    Personalauswertung (mit beiliegender Feldliste)

Schreibt eure Vorschläge zur Personalauswertung auf die beiliegenden Leerfolien

(40 Minuten)

TBS
Technologieberatungsstelle beim DGB Landesbezirk NRW

Arbeitsblatt 4302
Computertechnik für Arbeitnehmervertreter

Fehlzeitenkalender (Beispiel)

```
=====================================================================
                                              Datum: 09.12.91

Hengstler GmbH

Personal-Nr.  : 004444
Name, Vorname : Kohl, Helga

                    Fehlzeiten-Kalender
                    (Laufendes Jahr)

            0 0 0 0 0 0 0 0 0 1 1 1 1 1 1 1 1 1 1 2 2 2 2 2 2 2 2 2 2 3 3
          1 2 3 4 5 6 7 8 9 0 1 2 3 4 5 6 7 8 9 0 1 2 3 4 5 6 7 8 9 0 1
Januar    K * * . # . . . . . . . . . . # . . . . . # K . . . . . . . . .
Februar   . . # U U U U . . . # U U U . . . . . # U U . . . . . . #
März      . . # K U K K . . # K . . . . # . . . K U U . . . . . . . # .
April     U U U . . . * Br* . . * K Bv: . . . * Br* . . * Br* . . . . U .
Mai       . # . . . . . . . # . . . . # . . . # . . . # . . . # . . . #
Juni      . . # . . . . . . . . . . # . . . . # . . . # . . . . . . .
Juli      . . . . . . . . # . . . . # . . . . . # . . . . . . # . . . #
August    . . # . . . . . . . . . . # . . . . . # . . . . . # . . . .
September . # . . . . . . . # . . . . . # . . . . # . . . . . # . . .
Oktober   . . . . . . # . . . . . # . . . . . . # . . . . . # . . . .
November  . # . . . . . . . # . . . . . # . . . . # . . . . . . # .
Dezember  . # . . . . . . . # . . . # . . . . # . . . # . . . . . . #

 K = 9   * = 8    U = 19    Br = 3    Bv = 1
```

Quelle: System IPEV v. Fa. Hengstler

Zeitkonten lfd. Jahr (Beispiel)

Arbeitsblatt 4303

TBS — Technologieberatungsstelle beim DGB Landesbezirk NRW
Computertechnik für Arbeitnehmervertreter

```
===================================================================
Hengstler GmbH                                     Datum: 16.05.91

Personal-Nr.: 004444                   P E R S O N A L S T A M M
Name, Vorname: Kohl, Helga               (Zeitkonten lfd. Jahr)

           Guth.UStd. Vorjahr:           Saldo Vorjahr:     3,29
-------------------------------------------------------------------
! Monat! Arb.Std. ! Sollstd. ! Guth.UStd.! Bez.UStd.! Fehlstd. ! Saldo   !
-------------------------------------------------------------------
! Jan  ! 127,25   ! 154,00   !           !          !  25,00   !  1,54  !
! Feb  !  40,30   ! 140,00   !           !          !  98,00   !  0,16- !
! Mär  !  99,40   ! 140,00   !  0,28-    !          !  49,00   !  8,52  !
! Apr  !  96,52   ! 147,00   !  0,18-    !          !          !  0,22  !
! Mai  !  42,00   !  42,00   !           !          !  42,00   !  0,22  !
! Jun  !          !          !           !          !          !  0,22  !
! Jul  !          !          !           !          !          !  0,22  !
! Aug  !          !          !           !          !          !  0,22  !
! Sep  !          !          !           !          !          !  0,22  !
! Okt  !          !          !           !          !          !  0,22  !
! Nov  !          !          !           !          !          !  0,22  !
! Dez  !          !          !           !          !          !  0,22  !
-------------------------------------------------------------------
!Summe ! 405,47   ! 623,00   !  0,46-    !          ! 214,00   !        !
-------------------------------------------------------------------
===================================================================
```

Quelle: System IPEV v. Fa. Hengstler

Fehlzeitenübersicht (Beispiel)

TBS — Arbeitsblatt 4304
Technologieberatungsstelle beim DGB Landesbezirk NRW — Computertechnik für Arbeitnehmervertreter

```
===============================================================
 Hengstler GmbH                              Datum: 16.05.91

 Personal-Nr.: 004444                   P E R S O N A L S T A M M
 Name, Vorname: Kohl, Helga              (Fehlzeiten lfd. Jahr)

 Beschäft.-Art: 5  Angestellt
---------------------------------------------------------------
! Monat      ! Krankheit ! Urlaub ! Feiertag ! Sonst. FZ ! FZ Gesamt !
---------------------------------------------------------------
! Januar     !    21,00  !        !          !           !    25,00  !
! Februar    !           !  98,00 !          !           !    98,00  !
! März       !    42,00  !   7,00 !          !     4,00  !    49,00  !
! April      !           !  28,00 !          !           !    42,00  !
! Mai        !           !        !          !           !           !
! Juni       !           !        !          !           !           !
! Juli       !           !        !          !           !           !
! August     !           !        !          !           !           !
! September  !           !        !          !    14,00  !           !
! Oktober    !           !        !          !           !           !
! November   !           !        !          !           !           !
! Dezember   !           !        !          !           !           !
! S u m m e  !    63,00  ! 133,00 !          !    18,00  !   214,00  !
---------------------------------------------------------------
```

Quelle: System IPEV v. Fa. Hengstler

Krankheitshistorie (Beispiel)

```
===============================================================
                                              Datum: 16.05.91
Hengstler GmbH

Personal-Nr. : 004444
Name, Vorname: Kohl, Helga

                                    P E R S O N A L S T A M M
                                        (Krankheitshistorie)

 ---------------------------------       ---------------------------------
 !    ! Von      ! Bis      ! Tage !     !    ! Von ! Bis ! Tage !
 ---------------------------------       ---------------------------------
 !  1 ! 02.01.91 ! 02.01.91 ! 2,00 !     ! 11 !     !     !      !
 !  2 ! 14.01.91 ! 14.01.91 ! 1,00 !     ! 12 !     !     !      !
 !  3 ! 21.01.91 ! 21.01.91 ! 1,00 !     ! 13 !     !     !      !
 !  4 ! 04.03.91 ! 11.03.91 ! 6,00 !     ! 14 !     !     !      !
 !  5 !          !          !      !     ! 15 !     !     !      !
 !  6 !          !          !      !     ! 16 !     !     !      !
 !  7 !          !          !      !     ! 17 !     !     !      !
 !  8 !          !          !      !     ! 18 !     !     !      !
 !  9 !          !          !      !     ! 19 !     !     !      !
 ! 10 !          !          !      !     ! 20 !     !     !      !
 ---------------------------------       ---------------------------------
===============================================================
```

Quelle: System IPEV v. Fa. Hengstler

Mitarbeiterprotokoll (Beispiel)

Hengstler GmbH

Mitarbeiter-Protokoll

Von Tag: 01.04.91
Bis Tag: 30.04.91

Pers.-Nr.: 004444
Name,Vorn.: Kohl, Helga
Abteilung: 00001 Hauptverwaltung
Besch.-Art: 100,00 % Angestellt
Ausweis: 0333

Datum: 16.05.91
Seite 1

Tag	Woche	Von Uhrzeit	Bis Uhrzeit	Arb.Std.	Sollstd.	Guth.0Std.	Bez.0Std.	Urlaub	Krankheit	Feiertag	Sonst.Fl	Art	Kommentar	Schicht
02 Di	14							7,00				01	Urlaub	0
03 Mi								7,00				01	Urlaub	0
04 Do								7,00				01	Urlaub	0
05 Fr								7,00				01	Urlaub	0
08 Mo	15	08:00	16:07	7,62										0
09 Di		08:45	08:50	6,83										0
		08:50	16:10											
10 Mi		08:00	16:00	7,50										0
11 Do		07:30	13:45	6,00										0
12 Fr		13:45	14:00			0,00-					4,00	32	Lernzeitverletz	0
		08:00	12:00									21	Betriebratsarb	
16 Di	16	08:00	15:30	3,00										0
		12:30	16:30	4,50										
17 Mi		08:00	15:30	3,00										0
18 Do		07:50	13:45	7,00								4,00	32	Lernzeitverletz	0
		13:45	14:00	5,67									21	Betriebratsarb	
												20	Betriebsvers.	
19 Fr		08:00	11:00	4,00										0
22 Mo	17	11:00	15:30	3,90		0,10-					3,00	32	Lernzeitverletz	0
		11:54	12:00									21	Betriebratsarb	
23 Di		13:00	16:00	3,00										0
24 Mi		08:00	15:30	7,00										0
25 Do		11:45	16:09	4,57								3,00	32	Lernzeitverletz	0
		07:34	13:45	5,93									21	Betriebratsarb	
26 Fr		13:45	14:00											0
29 Mo	18	08:00	15:30	7,00										0
30 Di		08:00	15:30	7,00										0
		08:00	15:30	7,00										
Summe				100,52	0,00	0,10-	0,15-	28,00	0,00	0,00	14,00			

Gesamtguth.0Std.: 0,46-   Saldo Vortrag: 8,52   Saldoänderung: 142,70   Davon gekappt: 0,00   Neuer Saldo: 151,22 (151:13)

Quelle: System IPEV v. Fa. Hengstler

TBS — Technologieberatungsstelle beim DGB Landesbezirk NRW
Arbeitsblatt 4306 — Computertechnik für Arbeitnehmervertreter

TBS
Technologieberatungsstelle beim DGB Landesbezirk NRW

Arbeitsblatt 4307
Computertechnik für Arbeitnehmervertreter

Fehlerprotokoll (Beispiel)

Hengstler GmbH   Datum: 16.05.91

```
                F E H L E R P R O T O K O L L
                    Von Tag: 01.04.91
                    Bis Tag: 30.04.91

    ┌─────────────────────────────────────────────────────────┐
    │  Fehlerarten:                                           │
    │     1. Fehlende Kommen- oder Gehenbuchung . . :         │
    │     2. Kernzeitverletzungen . . . . . . . . . : x       │
    │     3. Anwesenheit bei gebuchter Fehlzeit . . :         │
    │     4. Mitarbeiter ohne Buchung . . . . . . . :         │
    │                                                         │
    │  Sortierung : 2  (1-2)    1 = Fehlerarten               │
    │                                                         │
    │                           2 = Von Abteilung: 00001      │
    │                               Bis Abteilung: 00001      │
    └─────────────────────────────────────────────────────────┘


 1 Drucken   2           (         4         5         6         7
```

```
---------------------------------------------------------------------------------------------------------------------
! Art Kommentar    ! Pers-Nr. !   Name, Vorname  ! Von Tag ! Bis Tag ! Von  !  Bis  ! Stunden ! Anteil ! Storno ! AZ-Grenzen ! Benutzer ! Buch.-Nr !
!--------------------------------------------------------------------------------------------------------------------
! 32 Kernzeitverletz ! 004444 ! Kohl, Helga     ! 03.01.91 !         ! 08:45 ! 09:11 !        !        !        !            !    1     !  00155   !
! 32 Kernzeitverletz ! 004444 ! Kohl, Helga     ! 04.01.91 !         ! 08:45 ! 09:11 !        !        !        !            !    1     !  00158   !
! 32 Kernzeitverletz ! 004444 ! Kohl, Helga     ! 04.01.91 !         ! 08:45 ! 09:11 !        !        !        !            !    1     !  00159   !
! 32 Kernzeitverletz ! 004444 ! Kohl, Helga     ! 18.03.91 !         ! 08:45 ! 09:02 !        !        !        !            !    1     !  00164   !
---------------------------------------------------------------------------------------------------------------------
```

Quelle: System IPEV v. Fa. Hengstler

Arbeitsblatt 4308

TBS — Technologieberatungsstelle beim DGB Landesbezirk NRW
Computertechnik für Arbeitnehmervertreter

Anwesenheitsliste (Beispiel)

```
                    A N W E S E N H E I T S - L I S T E

                              Tag . : 15.05.91
                              Auswahl: 5  (1-5)

   +-----------------------+---------+---------+----+
   | Auswahlkriterium      |   Von   |   Bis   |    |
   +-----------------------+---------+---------+----+
   | 1. Personal-Nr.       |         |         |    |
   | 2. Ausweis-Nr.        |         |         |    |
   | 3. Abteilung          |         |         |    |
   | 4. Name, Vorname      |         |         |    |
   | 5. Kennzeichen        |   BR    |   BR    |    |
   +-----------------------+---------+---------+----+

   Selektion: 1      1 = Alle Mitarbeiter
                     2 = Anwesend oder Dienstgang
                     3 = Abwesend ohne Ausweisbuchung
                     4 = Abwesend nach Gehenbuchung

   (Um möglichst aktuelle Daten zu erhalten, sollten
    vorher die Ausweisbuchungen übertragen werden.)

   1 Drucken   2   3   4   5   6   7
```

```
Hengstler GmbH                                  Datum: 09.12.91

A N W E S E N H E I T S - L I S T E       Tag: 09.12.91  Mo
Alle Mitarbeiter             Letzte Datenübertragung
                                         Uhr                    Seite 1

: Pers.-Nr. : Name, Vorname       : Abteilung : Ausweis : Beginn : Ende : Art : Beginn : Ende : Art : Beginn : Ende : Art : Fehlzeitenbuchung
:  004444   : Kohl, Helga         :   00001   :  0332   :        :      :     :        :      :     :        :      :     :
:  004445   : Schlonz, Heinrich   :   00001   :  0334   :        :      :     :        :      :     :        :      :     :
:  004446   : Schumacher, Georg   :   00001   :  0297   :        :      :     :        :      :     :        :      :     :
:  004448   : Wollschläger, Wanda :   00001   :  0210   :        :      :     :        :      :     :        :      :     :
```

Quelle: System IPEV v. Fa. Hengstler

Monatsübersicht (Beispiel)

M O N A T S - Ü B E R S I C H T

Monat: 04.91

Kh-Tage drucken: J (J/N)

Auswahl: 3 (1-5)

Auswahlkriterium	Von	Bis
1. Personal-Nr. 2. Ausweis-Nr. 3. Abteilung 4. Name, Vorname 5. Kennzeichen	00001	00001

1 Drucken   2   3   4   5   6   7

Hengstler GmbH   Datum: 16.05.91

M O N A T S Ü B E R S I C H T   Monat: 04.91   Seite 1

Abteilung: 00001 Hauptverwaltung

P.-Nr.	Name,Vorname	Abteil.	Besch.-Art	Besch.-Grad	Arb.Std.	Sollstd.	Guthaben Übertr.	Bezahlte Übertr.	Krankheit	Urlaub	Feiertag	Sonst. Pl	Saldo-Änderung	Saldo	Aufgel. Saldo	Resturlaub lfd. Jahr	Krankentage lfd. Jahr
04444	Kohl, Helga	00001		100,00	96,52	147,00	0,18-		15,00			14,00	8,30-	0,22	13,00	9,00
04445	Schloss, Heinrich	00001	5	100,00	133,60	147,00			35,00	28,00			6,60	6,60	30,00	11,00
04446	Schumacher, Georg	00001	5	100,00	128,00	147,00			63,00				10,00	10,00	22,00	23,00
04448	Wollschläger, Wanda	00001	5	50,00	52,00	73,50			28,00				1,50	1,50	8,00	21,00
S U M M E					410,12	514,50	0,18-		54,00	126,00	28,00		14,00	9,80	18,32	73,00	41,00

Quelle: System IPEV v. Fa. Hengstler

Arbeitsblatt 4309

TBS — Technologieberatungsstelle beim DGB Landesbezirk NRW
Computertechnik für Arbeitnehmervertreter

Arbeitsblatt 4310

Computertechnik für Arbeitnehmervertreter

Lohnliste (Beispiel)

L O H N - L I S T E

Von Tag : 01.04.91
Bis Tag : 14.04.91

Funktion: 1   1=Einzelprotokoll
                2=Summenprotokoll

Auswahl : 5   (1-5)

Auswahlkriterium	Von	Bis
1. Personal-Nr.		
2. Ausweis-Nr.		
3. Abteilungs-Nr.		
4. Name, Vorname		
5. Kennzeichen	BR	BR

Hengstler GmbH   Datum: 09.12.91

L O H N L I S T E - E I N Z E L P R O T O K O L L

Pers.-Nr.: 004444   Von Tag: 01.04.91
Name . . .: Kohl, Helga   Bis Tag: 14.04.91   Seite 1
Abteilung: 00001 Hauptverwaltung

Lohnart	Vortrag	Mo 01.04	Di 02.04	Mi 03.04	Do 04.04	Fr 05.04	Sa 06.04	So 07.04	Mo 08.04	Di 09.04	Mi 10.04	Do 11.04	Fr 12.04	Sa 13.04	So 14.04	Summe
0501 Grundlohn Normalarb.Std.			7,00	7,00	7,00	7,00			7,62	6,83	11,50	6,00	7,00			38,95
0550 Urlaubslohn																28,00
0594 Abfeiern üStd.										0,08						0,08

Quelle: System IPEV v. Fa. Hengstler

TBS
Technologieberatungsstelle beim DGB Landesbezirk NRW

Arbeitsblatt 4311
Computertechnik für Arbeitnehmervertreter

Krankheitsauswertung (Beispiel)

```
                    K R A N K H E I T S - A U S W E R T U N G

                            Von Tag: 01.02.90
                            Bis Tag: 31.03.90

                            Auswahl: 3  (1-5)
```

Auswahlkriterium	Von	Bis
1. Personal-Nr. 2. Ausweis-Nr. 3. Abteilung 4. Name, Vorname 5. Kennzeichen	00001	....

```
      1 Drucken  2          3          4          5          6          7
```

Technologieberatungsstelle MS   Datum: 09.07.90
K R A N K H E I T S - A U S W E R T U N G   Von Tag: 01.02.90
                                              Bis Tag: 31.03.90
                                                                    Seite   1

Pers.-Nr.	Name, Vorname	Abteilung	Ausweis	Kennzeichen	Bis 2 Tage		Ab 3 Tage		Kh-Tage
					Fälle	Tage	Fälle	Tage	
004444	Kohl, Helga	00001	4444	keine	2	3	1	3	6
	SUMME				2	3	1	3	6

Quelle: System IPEV v. Fa. Hengstler

Urlaubsplanung (Beispiel)

```
                    U R L A U B S - L I S T E

                         Auswahl: J   (1-5)

   Auswahlkriterium         Von          Bis

   1. Personal-Nr.
   2. Ausweis-Nr.
   3. Abteilung             00001        00001
   4. Name, Vorname
   5. Kennzeichen


   Urlaubstage/Jahr         .....
   Zusatzurlaub
   Sonderjahres-U.
   Resturl. Vorjahre
   Urlaub genommen
   Resturlaub
```

Hengstler GmbH   Datum: 09.12.91

                                                  Seite 1

U R L A U B S - L I S T E

Pers.-Nr.	Name, Vorname	Abteilung	Ausweis-Nr.	U.-Anspruch	Zusatz-Url.	Sonderj.-U.	Rest Vorj.	U. genommen	Resturlaub
004444	Kohl, Helga	00001	0332	30,00			2,00	19,00	13,00
004445	Schlonz, Heinrich	00001	0334	30,00			5,00	5,00	30,00
004446	Schumacher, Georg	00001		30,00			2,00	10,00	22,00
004448	Wollschläger, Wanda	00001	0210	30,00			1,00	23,00	8,00
S U M M E				120,00		0,00	10,00	57,00	73,00

Quelle: System IPEV v. Fa. Hengstler

Personalauswertungen

```
              P E R S O N A L - A U S W E R T U N G
                    (Blatt 1 - Selektion)


              Sortierung:  42  Krankheitstage


    Felder zur Selektion des Personalstamms
   -----------------------------------------------------------------
   !    !        Nr. Bezeichnung    !   Von         Bis           !
   !----------------------------------------------------------------!
   !    !        03  Abteilung      !  00001       00001          !
   !    ! oder                      !                             !
   ! und -----------------------------------------------------------!
   !    !        20  Geschlecht     !  w                          !
   !    ! oder   20  Geschlecht     !  m                          !
   ! und -----------------------------------------------------------!
   !    !                           !                             !
   !    ! oder                      !                             !
   -----------------------------------------------------------------



              P E R S O N A L - A U S W E R T U N G
                    (Blatt 2 - Ausgabe)


       Ausgabe-Art: 1     1=Liste      3=Serienbriefe
                          2=Datei      4=Adreßaufkleber

       Textdatei       :
       Zeilen/Aufkleber: 12

    Felder zur Generierung der Liste, Datei
   -----------------------------------------------------------------
   !     Nr.   Bezeichnung       !    Nr.   Bezeichnung           !
   !----------------------------------------------------------------!
   ! 1.  04   Name, Vorname      ! 5.  42   Krankheitstage        !
   ! 2.  10   Funktion           ! 6.  43   Kh-Tage Vorjahr       !
   ! 3.  11   Kennzeichen        ! 7.                             !
   ! 4.  20   Geschlecht         ! 8.                             !
   -----------------------------------------------------------------
```

Quelle: System IPEV v. Fa. Hengstler

Personalauswertungen

Hengstler GmbH   Datum: 09.12.91

PERSONALAUSWERTUNG   Seite 1

Name, Vorname	Funktion	Kennzeichen	Geschlecht	Krankheitstage	Kh-Tage Vorjahr
Kohl, Helga	Lohn- und Gehalt	BR	W	9,00	26,00
Schlonz, Heinrich		keine		11,00	14,00
Wollschläger, Wanda		keine		21,00	24,00
Schumacher, Georg		keine		23,00	1,00

Quelle: System IPEV v. Fa. Hengstler

Feldliste für Personalauswertungen

```
PERSONALAUSWERTUNG   -   FELDLISTE
```

Feldnummer	Bezeichnung	Feldlänge
1	Personal-Nr.	6
2	Ausweis-Nr.	4
3	Abteilung	5
4	Name, Vorname	30
5	Straße	25
6	PLZ Ort	25
7	Telefon	12
8	Besch.-Art	1
9	Besch.-Grad	7
10	Funktion	25
11	Kennzeichen	8
12	Bemerkung	30
13	Schicht-Modell	1
14	1.Schicht in KW	4
15	Schichtwechsel	1
16	Rundungseinheit	2
17	Rundungsformel	1
18	Abrund. bis 1. Buch.	2
19	Abrund. bis lzt. Buch.	2
20	Geschlecht	1
21	Geburtsdatum	8
22	Eintrittsdatum	8
23	Austrittsdatum	8
24	Fahrgeld	6
25	Dienstgang	1
26	Zonen-Nummer	2
27	Zutrittsrecht	1
28	Lampen-Tableau	4
29	ÜStd. bezahlen	1
30	ÜStd.-ber. von Tag	8
31	ÜStd.-ber. bis Tag	8
32	WP-Echtzeit	2
33	Wochenplan	3
34	Periodenabgleich	3
35	Stundenlohn	6
36	Urlaubsanspruch	6
37	Zusatzurlaub	6
38	Sonderurlaub	6
39	Resturlaub Vorjahre	6
40	Urlaub genommen	6
41	Resturlaub	6
42	Krankheitstage	7
43	Kh-Tage Vorjahr	7
44	Tägl.Arb.Std.	6

Quelle: System IPEV v. Fa. Hengstler

TBS
Arbeitsblatt 4314

Technologieberatungsstelle beim DGB Landesbezirk NRW — Computertechnik für Arbeitnehmervertreter

Sollzeitenabweichungsliste (Beispiel)

S O L L Z E I T A B W E I C H U N G S - L I S T E

Tag	Von	Bis
Abweichung	01.04.91	30.04.91
Guthaben überstd.	20,00-	0,00
Bezahlte überstd.		

Auswahl: 3 (1-5)

Auswahlkriterium	Von	Bis
1. Personal-Nr.	00001	00001
2. Ausweis-Nr.		
3. Abteilung		
4. Name, Vorname		
5. Kennzeichen		

1 Drucken 2   3   4   5   6   7

Datum: 09.12.91

Seite 1

Hengstler GmbH

Sollzeitabweichungs-Liste   Von Tag: 01.04.91
                            Bis Tag: 30.04.91

Pers.-Nr.	Name, Vorname	Abteilung	Arbeitsstd.	Sollstd.	Guth.üStd.	Bez.üStd.	Fehlstd.	Abweichung
004444	Kohl, Helga	00001	109,52	150,00	1,82	0,00	42,00	0,30-
004445	Schlonz, Heinrich	00001	0,00	0,00	0,00	0,00	0,00	0,00
004446	Schumacher, Georg	00001	0,00	0,00	0,00	0,00	0,00	0,00
004448	Wollschläger, Wanda	00001	0,00	0,00	0,00	0,00	0,00	0,00
Summe	4		109,52	150,00	1,82	0,00	42,00	0,30-

Quelle: System IPEV v. Fa. Hengstler

TBS
Technologieberatungsstelle beim DGB Landesbezirk NRW

Arbeitsblatt 4315
Computertechnik für Arbeitnehmervertreter

Personalplanung: Soll-Ist-Vergleich (Beispiel)

		7-8	8-9	9-10	10-11	11-12	12-13	13-14	14-15	15-16	16-17	17-18	18-19	19-20	20-21	Gesamt
Minuten				60	60	60	60	60	60	60	60	60	30			100,0
Umsatzanteile in %				3,0	5,0	9,0	15,0	15,0	12,0	13,0	15,0	12,0	1,0			90,00
Plan Anzahl Mitarbeiter				6	6	8	12	12	10	11	12	10	6			89,77
Planstunden			2,76	6,00	6,00	8,40	11,67	11,67	10,29	10,73	11,67	10,29	3,00			95,71
Leistungsstunden				6,00	6,00	9,38	12,50	12,50	11,11	11,61	12,50	11,11	3,00			81,80
Arbeitsstunden			2,76	5,38	5,38	8,08	10,84	12,84	11,14	11,14	7,03	5,21	2,00			
Abweichung			2,76	0,62-	0,62-	1,30-	1,66	0,34	0,03	0,47-	5,47-	5,90-	1,00-			13,91-

P.-Nr	Name	Vertr. Std.	Aufgel. Arb.Std	Aufgel. Saldo	Tgl. Arb.Std.
	Vollzeitkräfte				
558401	Gast Andrea	180,00	125,75	5,75	7,75
558507	Hebgen Karin	180,00	143,75	23,75 +	7,75
	Teilzeitkräfte				
558503	Blocktesch Hanna	90,00	79,25	9,25	4,25
558531	Distelrath Rita	95,00	70,51	0,51	4,25
558524	Kiefer Katharina	90,00	86,75	16,75 +	4,50
558530	Kovarec Maria	90,00	83,34	13,34	4,50
558513	Lange Gabriele	90,00	75,72	5,72	4,50
558505	Lins Feodora	70,00	56,50	13,50-	5,50
558509	Mybeler Anita	90,00	98,87	38,87 +	5,50
558511	Oelpke Brigitte	80,00	97,83	37,83 +	5,50
558554	Schlosser Sofia	100,00	79,43	10,57 +	6,00
558522	Schulz Christa	85,00	87,00	27,00 +	6,00
	Auszubildende				
558446	Blaurock Kerstin	160,00	128,75	8,75	7,75
558515	Kamwischer Micha	160,00		1,82-	
558529	Kleinmann Andrea	160,00		18,00 +	
558512	Metzger Astrid	160,00	106,86	13,14 +	7,75
558447	Schneider Sabine	160,00		16,57 +	
Summe		2040	1320,31	149,92	81,50

■ Planstunden, ≡ Leistungsstunden, + Arbeitsstunden

Quelle: System IPEV v. Fa. Hengstler

Lehreinheit 4

ArbeitnehmerInnenorientierte Forderungen

Inhalt

Lernziele	4–3
Kurzfassung	4–4
Langfassung	
AS 1 Vorteile für die Beschäftigten durch AZEV?	4–6
AS 2 Forderungsbereiche	4–7
AS 3 Wichtigkeit der Forderungen	4–15
Arbeitstransparente 4401 bis 4402	4–17
Arbeitsblätter 4401 bis 4406	4–20

Lernziele

1. Die SeminarteilnehmerInnen sollen zu einer eigenständigen Bewertung der wirklichen und vermeintlichen Vorteile von AZEV-Systemen und zum kritischen Umgang mit den Argumenten der »Gegenseite« in der Lage sein. Davon ausgehend werden sie dazu befähigt, Forderungen zu entwickeln, um die möglichen Risiken für ArbeitnehmerInnen zu minimieren und eventuelle Vorteile zu nutzen.
2. Sie sollen eigenständig beurteilen können, welche Anforderungen bezogen auf ihre eigene Ausgangslage
   - unverzichtbar,
   - wichtig oder
   - verhandelbar
   sind.
3. Ziel ist darüber hinaus zu erkennen, warum die Entwicklung eigener Anforderungen an die AZEV-Technik erforderlich ist, **bevor** die wesentlichen technischen Festlegungen getroffen wurden.
4. Sie sollen verstehen, welche Eigenschaften ein AZEV-System haben muß, damit arbeitnehmerInnenorientierte Zielstellungen berücksichtigt werden können.
5. Schließlich wird vermittelt, mit welchen Maßnahmen späterer Mißbrauch und Verstöße gegen eine abgeschlossene Betriebsvereinbarung verhindert oder erschwert werden.

Es ist nicht Ziel dieser Lehreinheit, den TeilnehmerInnen Kenntnisse über mögliche organisatorische Regelungen oder die Gestaltung der Arbeitsplatzbedingungen der mit der Arbeitszeitabrechnung Beschäftigten zu vermitteln (siehe dazu Lehreinheit 6). Auch die rechtlichen Durchsetzungsmöglichkeiten von Betriebsratsforderungen werden erst später (Lehreinheit 5) behandelt.

Kurzfassung

Lerninhalte	Didaktisch-methodische Hinweise
AS 1 Vorteile für die Beschäftigten durch AZEV?	Lehrgespräch mit Metaplan und TeilnehmerInnenaktivität, Arbeitsblatt 4401 (Zeitbedarf: ca. 15 Min.)
AS 2 Forderungsbereiche Überblick	Variante 1: TeilnehmerInnenübung mit Karten, Folie 4112
	Variante 2: Erfragendes Lehrgespräch
	Anschließend je nach Interessenschwerpunkt Auswahl von Arbeitsgruppenthemen aus 2.1 bis 2.4 Zeitbedarf: ca. 30 Min. bei Variante 1, ca. 15 Min. bei Variante 2
2.1 Einschränkung des Kontrollpotentials	TeilnehmerInnenübung gemäß Arbeitsblatt 4402 (Zeitbedarf: ca. 25 Min.) oder freies Sammeln von Forderungen in einer Arbeitsgruppe
2.2 Dokumentation für die AZEV-Betroffenen	TeilnehmerInnenübung gemäß Arbeitsblatt 4403 (Zeitbedarf: ca. 25 Min.) oder freies Sammeln von Forderungen in einer Arbeitsgruppe
2.3 Zeithoheit für die Betroffenen	TeilnehmerInnenübung gemäß Arbeitsblatt 4404 (Zeitbedarf: ca. 25 Min.) oder freies Sammeln von Forderungen in einer Arbeitsgruppe
2.4 Nachvollziehbarkeit für den Betriebsrat	Rechnerdemonstration nach LE 6, Band 2, Arbeitsblatt 4405 (Zeitbedarf: ca. 25 Min.) oder freies Sammeln von Forderungen in einer Arbeitsgruppe
2.5 Datenschutz	Arbeitsblatt 4406

Zusammenfassung	Besprechung aller Forderungsbereiche im Plenum anhand der Arbeitsgruppenergebnisse, Folien 4401, 4402
	Zeitbedarf für AS 2: ca. 70 Min. (kürzeste Variante) ca. 160 Min. (längste Variante, d.h. Arbeitsgruppen 2.1 bis 2.4 hintereinander anstatt parallel)
AS 3 Wichtigkeit der Forderungen	Gemeinsames Einordnen Folie 4402 **Zeitbedarf:** ca. 10 Min.
	Gesamter Zeitbedarf: ca. 95 Min. (kürzeste Variante) bis maximal ca. 185 Min. (längste Variante)

Langfassung

1. Vorteile für die Beschäftigten durch AZEV?

Im Gegensatz zu vielen anderen EDV-Technologien bieten sich den betroffenen Beschäftigten bei der Einführung eines computergestützten AZEV-Systems relativ wenige Vorteile. Als Vorteile für die Beschäftigten werden von manchen Betriebsräten genannt:

a) Durch die Einführung des Zeitkontrollsystems ist es manchen Beschäftigten erstmals möglich nachzuweisen, daß sie versteckt, ständig oder in bislang nicht nachweisbarem Ausmaß (in der Regel unbezahlte) **Mehrarbeit** geleistet haben.

b) Computergestützte AZEV-Systeme bieten die **technische** Möglichkeit, den Beschäftigten umfassender und vollständiger zu dokumentieren, wann welche Überstunden angefallen sind, wann sie morgens kommen und abends gehen etc. Solche Aufzeichnungen wurden früher gelegentlich – insbesondere von Angestellten – privat geführt und manuell ausgewertet. Der Nutzen solcher verbesserter Dokumentationen für die meisten Beschäftigten ist jedoch begrenzt: Die für das persönliche Verhalten wichtigen Informationen waren ihnen selbst ohnehin längst bekannt.

Die gelegentlich von Arbeitgeberseite als »Vorteile für die Beschäftigten« genannten folgenden Punkte verdienen eine kritische Würdigung.

c) Eine **fehlerfreie Berechnung** der Arbeitszeiten, Löhne und Gehälter ist im Zeitlohn oft ohne AZEV-System leicht möglich. Möglicherweise verursacht sie bei Verwendung eines AZEV-Systems geringere Kosten. Eine exemplarische Investitionsrechnung zeigt **Arbeitsblatt 4401**: Hier spart die Geschäftsleitung durch Vermeidung von Rechenfehlern 1000 DM pro Monat ein. Zu fragen und im Einzelfall zu entscheiden ist jedoch, ob das berechtigte Interesse der Geschäftsleitung, Kosten zu reduzieren, bestimmte Eingriffe in das Persönlichkeitsrecht der Beschäftigten rechtfertigt.

d) Die Einführung von **flexiblen Arbeitszeiten** auf Wunsch der Beschäftigten ist in aller Regel auch ohne Einführung eines computergestützten AZEV-Systems möglich: Noch heute arbeitet die Mehrzahl der Betriebe, in denen Gleitzeit für die Beschäftigten oder Teile der Beschäftigten gilt, ohne AZEV-System. Die Zustimmung zur Einführung eines AZEV-Systems wird in der Regel ausschließlich von der Arbeitgeberseite als Bedingung genannt, wenn die Belegschaft die Einführung von Gleitzeit wünscht.

e) Da der Zeitpunkt der Entgeltüberweisung ohnehin in Tarifverträgen, gelegentlich in Betriebsvereinbarungen geregelt ist, bedeutet die AZEV-Einführung auch keine **schnellere Entgeltüberweisung**. War in den Firmen bislang eine korrekte Berechnung vor Entgeltüberweisung zum vereinbarten Termin nicht möglich, wurde mit Abschlägen gearbeitet und der korrekte Betrag mit dem nächsten Entgelt verrechnet.

Dieser einleitende Arbeitsschritt soll in den Betrieben vorhandene Argumente für die AZEV-Einführung aufgreifen und bewerten. Erst die Kenntnis dieser Argumente und ein aktiver, kritischer Umgang damit ermöglichen es dem Betriebsrat, Forderungen zu entwickeln, durch die Vorteile genutzt und mögliche Risiken minimiert werden können. Deshalb wird für die Umsetzung des Arbeitsschrittes empfohlen, daß der/die ReferentIn die einzelnen Argumente nennt und erläutert, sich jedoch einer Bewertung enthält. Die Bewertung soll durch die SeminarteilnehmerInnen selbst vorgenommen werden, beispielsweise auf einer Metaplantafel oder einem Flipchart; unter der Überschrift »Wie sind die genannten Vorteile von AZEV-Systemen für ArbeitnehmerInnen zu bewerten?« geben sie auf einer Bewertungsskala zwischen **gering** und **hoch** ein Votum ab. Anschließend sollen einzelne TeilnehmerInnen ihre Bewertungen begründen. Einzelne Argumentationen können in einer gemeinsamen Diskussion vertieft werden. Zur Vertiefung des 3. Argumentes ist eine Investitionsrechnung als **Arbeitsblatt 4401** beigefügt, die unter der Fragestellung »Was spart die Geschäftsleitung durch eine fehlerfreie Berechnung der Arbeitszeiten?« bearbeitet werden kann.

2. Forderungsbereiche

Vor den Überlegungen, welche Anforderungen er an das anzuschaffende AZEV-System stellt, sollte sich der Betriebsrat darauf verständigen, welche Zweckbestimmungen (siehe **Folie 4112**) er dem Arbeitgeber im Rahmen der Mitbestimmung zugestehen will. Denkbar ist, daß über die Berechnung der Entgeltdaten hinaus auch Personalplanungsfunktionen mit dem AZEV-System bearbeitet werden. In der Regel sind jedoch Personalplanung, Kostenrechnung etc. wesentlich besser mit Hilfe von Lohn- und Gehalts-Programmen zu erledigen, falls sie überhaupt mit EDV-Systemen durchgeführt werden sollen. Im weiteren wird davon ausgegangen, daß

- der Betriebsrat lediglich die Berechnung der entgeltrelevanten Arbeitszeiten als Zweck akzeptiert,
- der Betriebsrat bei einer weitgehenden Erfüllung seiner eigenen Forderungen einer EDV-Lösung zustimmen würde und
- wesentliche Entscheidungen beispielsweise für ein bestimmtes AZEV-System noch nicht getroffen wurden.

Die Forderungen des Betriebsrates sollen unter folgenden fünf Überschriften zusammengefaßt werden:
1. Einschränkung des Kontrollpotentials
2. Dokumentation für die AZEV-Betroffenen
3. Zeithoheit für die AZEV-Betroffenen
4. Nachvollziehbarkeit für den Betriebsrat
5. Datenschutz (vgl. **Folie 4401**).

Im folgenden werden die einzelnen Forderungsbereiche ausführlich behandelt. Auf rechtliche bzw. betriebspolitische Möglichkeiten zu ihrer Durchsetzung geht Lehreinheit 5 ein.

2.1 Einschränkung des Kontrollpotentials

Grundsätzlich sollten nicht
- mehr Daten erfaßt und gespeichert werden,
- mehr Auswertungen technisch möglich sein,

als gemäß der vereinbarten Zweckbindung »Entgeltabrechnung« notwendig sind.

a) Personalstammdaten

Es sind nur die für die Abrechnung notwendigen Stammdaten zu speichern. Beim Einsatz des Systems IPEV kann beispielsweise auf die Daten
- Geschlecht
- Abteilung
- Kennzeichen
- Bemerkung

in der Regel verzichtet werden (vgl. auch **Arbeitsblatt 4201**).

b) Buchungssätze

Es sollen nur die lohnrelevanten Buchungssätze abgespeichert werden. Für die Entgeltberechnung nicht benötigte Buchungen (möglicherweise Pausenbuchung, Dienstgangbuchungen, Arztbesuch, Betriebsversammlung, Betriebsrat etc.) werden nicht gespeichert. Dies gilt auch für die Terminalnummer. Es sollen möglichst wenig Buchungsarten unterschieden werden.

c) Löschung

Die Buchungssätze sind so bald wie möglich wieder zu löschen. Wenn druckende Terminals statt Durchzugsleser verwendet werden, ist es möglich, die Buchungssätze nach der Tagesverarbeitung auszudrucken und zu löschen. Korrekturbuchungen können dann über die Korrektur der entsprechenden Zeitkonten vorgenommen werden statt über zusätzliche »manuelle« Buchungen.

Einigt sich der Betriebsrat mit der Geschäftsleitung auf eine Speicherung der Buchungssätze über den Monatsabschluß hinaus, ist durch ein Löschprogramm sicherzustellen, daß die Buchungssätze zum vereinbarten Zeitpunkt **physikalisch** (d.h. nicht mehr rekonstruierbar) gelöscht werden.

d) Auswertungen

Die Zahl der Auswertungen und ihre Anlässe sowie die Beschäftigtengruppen, auf die diese Auswertungen (Selektionen) bezogen werden, ist auf das für die Abrechnung notwendige Maß zu beschränken. Dabei ist es möglich und aus Sicht der Beschäftigten sinnvoll, Auswertungen nicht im Dialog, sondern nur durch automatische oder zyklische Auslösung (beispielsweise bei Monatsende oder nach der Tagesauswertung) als Batch- oder Stapelverarbeitung zuzulassen.

Im IPEV-System ist es beispielsweise möglich,

- alle oder einzelne Zusatzauswertungen gar nicht erst mit zu kaufen, geschweige denn zu installieren (siehe **Arbeitsblatt 4207**),
- den Abfragegenerator nicht mit zu kaufen, geschweige denn zu installieren. Am Beispiel der »Feldliste« mit dem Merkmal »Kernzeitverletzungen« (vgl. **Arbeitsblatt 4307**) wird deutlich, daß hier ein Eingriff von seiten des Softwareherstellers notwendig sein kann: Dieses Sortiermerkmal muß entfernt werden.

Oftmals wird an dieser Stelle von der Geschäftsleitung darauf hingewiesen, daß die Gestaltbarkeit der Technik begrenzt und eine Herausnahme einzelner Auswertungsprogramme oder Selektionsmerkmale technisch nicht möglich sei. In diesem Falle sollte der Betriebsrat darauf drängen, auch andere AZEV-Systeme als mögliche in Frage kommende Systeme einzubeziehen. Auch das »Herausprogrammieren« einzelner Auswertungsprozeduren – selbst wenn es mit Kosten verbunden ist – kann durchgesetzt werden.

e) Zeitkonten

Zwischen Geschäftsleitung und Betriebsrat sollen die Zeitkontenarten, Lohnarten, Fehlzeitenarten genau vereinbart und begrenzt werden. Dies ist in der Regel bei menügesteuerten AZEV-Programmen minutenschnell zu erledigen. Zur Einschränkung des Kontrollpotentials vgl. auch **Arbeitsblatt 4402**.

2.2 Dokumentation für die AZEV-Betroffenen

Den betroffenen Beschäftigten muß **verständlich und nachvollziehbar** werden:

- Auf welche Art und Weise werden ihre Zeitdaten erfaßt, gespeichert, verarbeitet und weitergeleitet? Insbesondere sollten sie das zusätzliche Kontrollpotential erkennen.
- Welche Zeitdaten sind konkret über sie bzw. für sie erfaßt worden und welche Ergebnisse (Lohnarten, Zeitkonten, Fehlzeitenarten) wurden daraus berechnet?

Dabei sollte besonderes Gewicht darauf gelegt werden, daß für die Beschäftigten möglicherweise **nachteilige oder problematische Ereignisse markiert** werden. Darunter fallen:

- geänderte oder zusätzlich erfaßte Buchungen über Tastatur in der Personalabteilung (manuelle Buchungen),
- Kappungen von geleisteten Arbeitsstunden sowie fehlende oder unlogische Buchungen,
- automatisch durch das System gesetzte Buchungen (Ersatzzeitpunkte).

Es gibt grundsätzlich verschiedene – auch miteinander kombinierbare – Instrumente zur verbesserten Dokumentation für die Beschäftigten:

a) Die aktuellste Dokumentation der Buchungszeitpunkte kann nur über die Installation von **druckenden Terminals** erreicht werden. Ein solches Terminal quittiert den Buchungszeitpunkt sofort, wie das bislang auf Stechkarten schon üblich war.

b) Möglich ist auch die Ausstattung der Terminals mit Abruffunktionen, an denen die Beschäftigten ihre Zeitkonten (Beispiel: »Urlaubstage« und »Mehrarbeit 25 %« oder »Gleitzeitsaldo aktuell«) jederzeit abrufen können, ohne dabei buchen zu müssen (d.h. der Abruf wird nicht gespeichert). Gelegentlich ist dafür die Installation eines **zusätzlichen Informationsterminals** sinnvoll. Es gibt auch Beispiele, in denen ein Bildschirmgerät mit Drucker zur eigenständigen Abfrage der Beschäftigten außerhalb der Personalabteilung installiert wurde. Dann hat jede/r Beschäftigte Zugriff genau auf ihre/seine Daten.

c) Mehrfach oder einmal im Monat wird den AZEV-Beschäftigten (natürlich kostenlos) ein **Ausdruck** zur Verfügung gestellt, aus dem übersichtlich alle aktuellen Kontenstände hervorgehen. Ist kein druckendes Terminal installiert, sollten auch alle Karten- und manuellen Buchungen vermerkt sein.

d) Zweimal im Jahr ist den AZEV-Betroffenen kostenlos eine **Übersicht mit allen aktuellen Stammdaten** zur Verfügung zu stellen, es sei denn, diese sind im Kopfteil der monatlichen oder wöchentlichen Abrechnung bereits enthalten. Arbeitszeit- und Schichtmodelle müssen in verständlicher Form erläutert werden.

Es muß möglich sein, alle Listen mit persönlichen Daten nach Muster der Entgeltausdrucke auf **»verdecktem Papier«** auszudrucken. Zur Dokumentation für die Beschäftigten vgl. auch **Arbeitsblatt 4403**.

2.3 Zeithoheit für die AZEV-Betroffenen

Hier muß der Grundsatz gelten, daß »Zeitknabber-Effekte« möglichst vermieden werden. Die über das AZEV-System abgerechneten und kontrollierten Beschäftigten sollen nicht ihren bezahlten Zeiten »hinterherlaufen«. Geleistete Arbeitszeit muß auch in Sonderfällen (im AZEV-System) verbucht werden. Im einzelnen sind folgende Regelungen anzustreben:

a) Tage, an denen der Zeiterfassungsausweis nicht verwendet wurde, sollten zumindest mit der betrieblichen Soll-Arbeitszeit für diesen Tag und die entsprechende Person verrechnet werden. Bei häufiger vorkommenden mehrtägigen Dienstreisen kann auch das zuwenig sein, da möglicherweise bei auswärtigen Dienstreisen in der Regel mit überdurchschnittlicher Tagesarbeitszeit gerechnet werden muß.

b) Bei der Festlegung von Ersatzzeitpunkten für fehlende Buchungen darf eine Initiative der Betroffenen nicht erforderlich sein, sondern es muß beispielsweise die tägliche Sollarbeitszeit angerechnet werden.

c) Die über AZEV abgerechneten Beschäftigten sollten bei Betreten bzw. Verlassen des Werksgeländes selber entscheiden können, ob eine arbeitszeitrelevante Buchung erforderlich ist oder nicht. AZEV- und Zugangskontroll-System müssen entkoppelt sein.

d) In nicht wenigen Betrieben ist es weit verbreitet, daß für geringfügige Verspätungen »Strafzeiten« von der bezahlten Arbeitszeit subtrahiert werden. Wendet man hier Stempeluhren oder andere nicht EDV-gestützte Aufzeichnungsverfahren an, besteht zumindest immer noch ein Interpretationsspielraum hinsichtlich der Begründung der Verspätung. Dieser Spielraum geht mit Einführung von Computersystemen verloren. Betriebsräte haben in vielen Fällen als »Verhandlungsmasse« im Rahmen der Verhandlungen um das computergestützte AZEV-System die Abschaffung dieses – für die Beschäftigten äußerst ungünstigen – Verfahrens durchgesetzt (vgl. **Arbeitsblatt 4404**).

2.4 Nachvollziehbarkeit für den Betriebsrat

Der Betriebsrat sollte fordern, ihm die Kontrolle über die Einhaltung der vereinbarten Datenspeicherungen, Datenauswertungen etc. zu ermöglichen.

a) Alle über die vereinbarte Tagesverarbeitung hinausgehenden Auswertungen werden unter Angabe von
   - Zeitpunkt der Verarbeitung,
   - Art der Auswertung oder Verarbeitung,
   - Auswahl bzw. Selektion des ausgewerteten Personenkreises,
   - Zugriffspersonen und
   - Zielgerät

   protokolliert.

   Bei näherer Betrachtung der am Markt verfügbaren Standard-AZEV-Programme wird man feststellen, daß nur wenige diese Protokollierungsanforderungen erfüllen. Um so mehr – so können Betriebsräte argumentieren – müssen die Leistungsfähigkeit und Anwendungszwecke des Systems eingeschränkt werden, da die Verwendung von technisch möglichen, aber nicht vereinbarten und somit verbotenen Anwendungen nicht oder nur unzuverlässig vom Betriebsrat ausgeschlossen werden kann. Es liegt also demnach im Eigeninteresse des Arbeitgebers, dem Betriebsrat eine möglichst umfassende und sichere Überprüfung zu ermöglichen.

b) Protokolliert werden für den Betriebsrat darüber hinaus
   - die Änderung oder Neuprogrammierung von Auswertungsprogrammen (soweit das technisch möglich ist) sowie
   - die Änderung bzw. Neuanlage von Zeitkonten, Lohnarten, Fehlzeitarten etc.

c) Die Protokollierung muß für den Betriebsrat verständlich, möglichst übersichtlich und in komprimierter Form erfolgen (nur die erforderlichen und vereinbarten Daten). Das Protokoll soll im AZEV-System selber geführt werden.

d) Die Protokolldateien dürfen nicht manipulierbar sein.

e) Die Protokollsätze sollen fortlaufend numeriert sein und nicht durch andere Ausgaben (beispielsweise Buchungssatzdokumentation) unterbrochen werden.

Die Protokollierung in **Arbeitsblatt 4405** wurde durch den Rechnereinsatz Nr. 1 in Band 2, Lehreinheit 6, mit Hilfe des Programms PISDEMO (vgl. TBS-Diskette) erstellt. Das Protokoll zeigt Datum, Uhrzeit und Benutzerkennung aller Zugriffe sowie die aufgerufene Auswertung. Beim »Freien Dialog« werden die ausgewählten Datenfelder (»Druckfelder«) und die Selektionen (»Schlüsselfelder«) mitprotokolliert. In einer weiteren Liste finden sich auch die versuchten Zugriffe mit nicht berechtigten Paßwörtern. In IPEV ist eine Protokollierung nicht möglich.

2.5 Datenschutz

Personaldaten sind durch Gesetz besonders geschützt. Insbesondere wurden Anforderungen an die computergestützte Speicherung und Verarbeitung von Personaldaten in der Anlage zum § 9 des Bundesdatenschutzgesetzes festgelegt (vgl. Ergänzungsband 1 zu dieser Reihe). Die Sicherstellung der Einhaltung und Umsetzung der gesetzlichen Vorschriften obliegt zunächst der Geschäftsleitung. Aber auch der Betriebsrat hat darüber zu wachen, daß die zugunsten der Arbeitnehmer geltenden Gesetze durchgeführt werden (vgl. § 80 BetrVG).

a) Der Zugriff auf Daten und Programme soll so differenzierbar sein, daß für alle Zugriffsberechtigten angegeben werden kann,
   - welche Daten
   - welche Beschäftigten
   - mit welchen Programmfunktionen

   bearbeiten dürfen. Jeder Zugriffsberechtigte erhält Zugriff nur in dem Umfang, wie er ihn für seine Aufgabengebiete benötigt.

b) Die Umgehung der Zugriffsbeschränkungen soll technisch unmöglich oder zumindest sehr aufwendig sein. Grundsätzlich ist sicherzustellen, daß selbst EDV-Fachleute bei Zugang zum Rechner sich nicht den Zugriff auf die Personendaten verschaffen können.

Beispiel:
Der Zugriffsschutz des IPEV-Systems erfüllt die genannten Voraussetzungen nur unzureichend. Es läßt sich leicht am System demonstrieren (vgl. **Arbeitsblatt 4406**), wie selbst jemand mit geringen EDV-Kenntnissen durch die Vergabe der Namen der Password-Dateien diese finden, lesen und sogar ändern kann (im Pfad IPEV/>: Datei »Password« und mit Änderungsprozedur »PWAEND« Paßwort ändern). In diesem Falle gibt es nur zwei Auswege:

- Es wird eine Sicherheitssoftware (beispielsweise »Safeguard«) zusätzlich auf dem PC installiert.
- Das AZEV-System ist die einzige PC-Anwendung. Der PC wird mit einer Tastaturverriegelung ausgestattet oder in einem verschlossenen Büro aufgestellt. Notfalls ist darauf zu drängen, daß wenigstens die Änderungsprozedur »PWAEND« nach (erlaubter) Verwendung im Computer selbst wieder gelöscht und ausschließlich auf nicht zugänglichen Datenträgern aufbewahrt wird.

Selbst dann können aber auch Unbefugte die Personaldaten (z.B. mit »type Personal.-DAT«) lesen. Die Interpretation, was die einzelnen Daten bedeuten, ist in diesem Fall zwar schwieriger, aber möglich.

ArbeitnehmerInnenorientierte Forderungen

Je nach betrieblicher Situation sind sinnvolle, arbeitsorientierte Forderungen sehr unterschiedlich. Die Betriebsräte müssen sie für ihren spezifischen Betrieb selbst entwickeln und überzeugend vertreten. Die Entwicklung argumentativer Fähigkeiten durch ausführliche Pro- und Contra-Diskussionen ist deshalb in dieser Lehreinheit unabdingbar. Die im Langtext aufgezeigten Forderungen sind also Vorschläge, die im Einzelfall bewertet werden müssen. Nichtsdestotrotz sollte der/die ReferentIn durch Sammeln und Strukturierung der von den TeilnehmerInnen aufzustellenden Forderungen auf die fünf im Langtext aufgeführten Gruppen hin (unter Umständen auch mit anderen Bezeichnungen) orientieren. Diese Gruppen werden auch weiter hinten wieder aufgegriffen. Es bieten sich zwei Vorgehensweisen an:

Variante 1 (aufwendigerer Zeitbedarf):
Die KursteilnehmerInnen werden aufgefordert, auf jeweils drei Karten einer ausgewählten Farbe folgende Fragen zu beantworten:
– Was muß das AZEV-System zur Erfüllung von Betriebsratsforderungen leisten können?
– Über welche Möglichkeiten darf das AZEV-System nicht verfügen?

Die Karten werden vom/von der ReferentIn eingesammelt und gemeinsam gruppiert, so daß sich die Forderungsbereiche gemäß Langtext ergeben. Für die fünf Spalten suchen alle gemeinsam Überschriften (Vorschlag siehe im Langtext). Das entstandene Gesamtbild kann im späteren Verlauf der Lehreinheit durch die einzurichtenden Arbeitsgruppen komplettiert werden.

Variante 2 (zeitsparend):
Die beschriebene Zusammenstellung von Forderungen wird durch den/die ReferentIn selbst auf Zuruf der TeilnehmerInnen, gegebenenfalls mit Unterstützung eines Kursteilnehmers bzw. einer Kursteilnehmerin aufgebaut.

Um anschließend die einzelnen Forderungsbereiche gemäß den Abschnitten 2.1 bis 2.4 ausführlicher zu behandeln, können bis zu vier parallele Arbeitsgruppen eingerichtet werden.
Auch hier bieten sich wieder zwei Varianten an.

Variante 1:
Je eine Arbeitsgruppe zu den Abschnitten 2.1 bis 2.4, die gemäß folgender Fragestellung arbeiten:

»Welche Forderungen zum Thema
- Einschränkung des Kontrollpotentials (Arbeitsgruppe 1),
- Dokumentation für die AZEV-Betroffenen (Arbeitsgruppe 2),
- Zeithoheit für die AZEV-Betroffenen (Arbeitsgruppe 3),
- Nachvollziehbarkeit für den Betriebsrat (Arbeitsgruppe 4)

haltet ihr als Betriebsrat für sinnvoll?«

Variante 2:
Arbeitsgruppe 1 (Einschränkung des Kontrollpotentials) führt eine Gruppenübung gemäß **Arbeitsblatt 4402** durch (Zeitbedarf ca. 25 Minuten). Steht ein echtes AZEV-System zur Verfügung, läßt sich in einer Demonstration im Plenum zeigen, wie einfach sich Lohnarten und Fehlzeitenarten anlegen und löschen lassen (Beispiel IPEV).

Arbeitsgruppe 2 (Dokumentation für die AZEV-Betroffenen) kann die Gruppenübung gemäß **Arbeitsblatt 4403** durchführen (Zeitbedarf ca. 25 Minuten). Zusätzlich läßt sich die Dokumentation für die Beschäftigten über positive Beispiele demonstrieren. So ist es im IPEV-System möglich, daß bei manuellen Buchungen jeweils die Begründung von dem/der SachbearbeiterIn in der Personalabteilung eingegeben werden muß. Sie erscheint dann auf dem Wochen- bzw. Monatsausdruck.

Die Arbeitsgruppe 3 (Zeithoheit für die Betroffenen) kann gemäß der TeilnehmerInnenübung in **Arbeitsblatt 4404** durchgeführt werden (Zeitbedarf ca. 25 Minuten).

Die vierte Arbeitsgruppe (Nachvollziehbarkeit für den Betriebsrat) besteht in einer referentengeleiteten Rechnerdemonstration über die Protokollierungsmöglichkeiten (z.B. Rechnereinsatz Nr. 1 in Band 2 Lehreinheit 6). Entsprechende Forderungen werden im Lehrgespräch erarbeitet.

Abschnitt 2.5 wird bei beiden Varianten in die Besprechung der Arbeitsgruppenergebnisse zu den Forderungsbereichen 2.1 bis 2.4 integriert.

Ist das Seminar als dreitägige Veranstaltung geplant, können die vier Arbeitsgruppen auch hintereinander anstatt parallel stattfinden.

3. Wichtigkeit der Forderungen

Die explosiv steigende Leistungsfähigkeit der Computertechnologie erlaubt die Speicherung und Verknüpfung von immer mehr, immer genaueren, immer aktuelleren Daten über jede/n Beschäftigte/n. Bei dem Ziel des Betriebsrates, den/die »gläserne/n« ArbeitnehmerIn, den mittels Computerdaten beschriebenen und beurteilten Menschen zu verhindern, kann er Barrieren »verschiedener Höhe« durchsetzen – selbst wenn sich computergestützte Kontrollen damit nicht vollständig ausschließen lassen. Hier sollen für AZEV-Systeme drei Stufen vorgeschlagen werden:

1. Hohe Barrieren werden errichtet durch
   - die Begrenzung der gespeicherten Daten (Stammdaten, Zeitkonten, keine Terminalnummer im Buchungssatz);
   - die durch Programm festgesetzte Begrenzung der angeordneten Buchungsfälle (siehe auch LE 6 AS 3.1);
   - die Verhinderung der Verknüpfung mit anderen Computeranwendungen.

2. Mittlere Barrieren sind
   - der Verzicht auf Kauf und Installation von freien Abfragesprachen und Auswertungsprogrammen;
   - die Beschränkung der Datenfelder, nach denen ausgewertet werden darf (Selektionsmerkmale).

3. Niedrige Barrieren sind
   - in aller Regel Kontrollrechte des Betriebsrates, denn dazu sind weitreichende, nur mit hohem Zeitaufwand zu erwerbende Vorkenntnisse und hoher Arbeitsaufwand für die gerade zuständigen Betriebsratsmitglieder erforderlich;
   - Beschränkung der Zugriffsrechte beispielsweise auf SachbearbeiterInnen, denn diese werden im Zweifel Informationen an die Geschäftsleitung weiterleiten müssen;
   - die Vereinbarung, daß **vorhandene** Felder z.B. in Stammdatenmasken nicht gefüllt werden dürfen. Diese Regelung kann jederzeit durch Irrtum oder Personalwechsel im Lohnbüro »übersprungen« werden;
   - Protokollierungsregelungen.

Je höher die Barrieren, desto geringer ist das Kontrollpotential des AZEV-Systems und desto einfacher ist es durch den Betriebsrat kontrollierbar. Es gibt genügend Fälle, insbesondere in kleinen Unternehmen mit wenigen flexiblen Arbeitszeitmodellen, in denen die Nutzung eines Computersystems allein zur Arbeitszeitberechnung viel zu aufwendig und daher ungeeignet ist. Es kommt häufig vor, daß nach den ersten Verhandlungen mit dem Betriebsrat die Geschäftsleitung ebenfalls zu dieser Einschätzung gelangt, wenn sie mit der Einschränkung anderer Einsatzmöglichkeiten rechnen muß.

Das Grundgerüst für diesen zusammenfassenden Arbeitsschritt bietet **Folie 4402**. In die drei verschieden hohen Barrieren können die möglichen Betriebsratsforderungen entweder durch Auftragen auf der Folie oder durch Einsortierung auf Tafel, Flipchart oder Metaplan eingeordnet werden.

Zum Ende auch dieser Lehreinheit sollten die offenen Fragen im »Offene-Fragen-Register« abgearbeitet werden.

Arbeitstransparente

4401   Betriebsratsforderungen
4402   Beschränkung des Kontrollpotentials

Betriebsratsforderungen

1. Einschränkung des Kontrollpotentials

2. Dokumentation für die AZEV-Betroffenen

3. Zeithoheit für die AZEV-Betroffenen

4. Nachvollziehbarkeit für den Betriebsrat

5. Datenschutz

Beschränkung des Kontrollpotentials

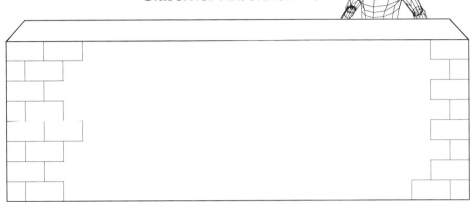

Gläserner Arbeitnehmer

Arbeitgeber

Arbeitsblätter

4401	Investitionsrechnung (Beispiel)
4402	Einschränkung des Kontrollpotentials
4403	Dokumentation für die AZEV-Betroffenen
4404	Zeithoheit für die AZEV-Betroffenen
4405	Protokollierung (Beispiel)
4406	Zugriffsänderungsmaske (Beispiel)

TBS — Arbeitsblatt 4401
Technologieberatungsstelle beim DGB Landesbezirk NRW — Computertechnik für Arbeitnehmervertreter

Investitionsrechnung (Beispiel)

Wirtschaftlich gesehen ist je nach Betriebsgröße bereits nach einem bis eineinhalb Jahren die Anschaffung eines BEDAPRINT-Gerätes in fast jedem Fall abgedeckt und bezahlt - auch bei kleineren Betriebsgrößen und Mitarbeiterzahlen! - Zeit ist Geld und wer kann es sich schon leisten, Geld zu verschenken!

Bei den Praxisbeispielen mit den Geräten der Serie BEDAPRINT ist klar zu ersehen, daß bei einem gut organisierten Zeiterfassungskreislauf - genau auf den jeweiligen Betrieb abgestimmt - erhebliche Vorteile für das Unternehmen und die einzelnen Mitarbeiter entstehen.

Monatliche Einsparungen bei Einsatz eines BEDAPRINT-Gerätes (am Beispiel von 100 Personen):

Bei einer mittleren Einsparzeit von 5 Minuten
pro Mitarbeiter/Monat und einem Stundensatz
von 65,00 DM für eine Angestellte der Lohn-
buchhaltung ergibt sich eine Einsparung von
(600 Minuten = 10 Stunden x 65,00 DM)   650,00 DM

Irrtümer und Fehlberechnungen beim manuellen
Auswerten der Zeitkarten liegen nach bisherigen
unabhängigen Untersuchungen durchschnitlich
zwischen 1 und 3 Prozent. Bei einer monatlichen
Bruttolohnsumme von DM 200.000,-- und einer
Einsparung von nur 0,5 Prozent ergibt sich eine
Ersparnis von   1.000,00 DM

Die Vorteile der verbesserten Managementinfor-
mation und die Verbesserung durch mehr Mitar-
beiter-Information lassen sich nicht in "DM" ausdrücken.

Das ergibt eine monatliche Einsparung von
insgesamt   1.650,00 DM
Hochgerechnet auf 1 Jahr ergibt das   19.800,00 DM

Investition für das BEDAPRINT-Gerät
je nach Ausführung   ca. 6.990,-- bis ca 11.000,00 DM

Fazit: Ein BEDAPRINT-Gerät macht sich schon nach einer Einsatzzeit von ca. einem halben Jahr bezahlt.

Quelle: Benzing-Prospekt

TBS   Arbeitsblatt 4402

Technologieberatungsstelle beim DGB Landesbezirk NRW   Computertechnik für Arbeitnehmervertreter

Einschränkung des Kontollpotentials

TeilnehmerInnen-Übung

Situation:

Der Arbeitgeber/die Personalabteilung hat als Zweck der Einführung eines computergestützten AZEV-Systems eine "rationellere Vorbereitung der Lohn- und Gehaltsabrechnung" angegeben. Er hat dem Betriebsrat Unterlagen über das von ihm favorisierte System, das mit dem vorhandenen Lohn- und Gehaltsprogramm gekoppelt werden soll, zur Verfügung gestellt (vgl. untengenannte Arbeitsblöcke).

Aufgabe:

A)   Welche der angekreuzten Stammdaten wären unter diesem Gesichtspunkt überflüssig?

         Arbeitsblatt 4201

B)   Welche Fehlzeitenarten werden für die Lohn- und Gehalts-Abrechnung nicht benötigt?

         Arbeitsblatt 4202

TBS
Technologieberatungsstelle beim DGB Landesbezirk NRW

Arbeitsblatt 4403
Computertechnik für Arbeitnehmervertreter

Dokumentation für die AZEV-Betroffenen

TeilnehmerInnen-Übung

Situation:

1. Die Geschäftsleitung hat zugestimmt, daß die Information der Beschäftigten über ihre Zeitstände und über ihre Buchungen nicht schlechter sein soll als bisher (Stempeluhren). Darüber hinaus hat sie dem Betriebsrat angeboten, daß bei der Entscheidung, welches System gekauft wird, auch Verbesserungen der Dokumentation für die Beschäftigten berücksichtigt werden sollen.
2. Der Betriebsrat argumentiert, daß bislang die Beschäftigten jederzeit aktuell auf ihrer Stempelkarte einen vollständigen Überblick aller Buchungen bis zum aktuellen Zeitpunkt hatten.

Aufgabe:

A) Bei einem der in Frage kommenden Systeme sieht das "Mitarbeiterprotokoll" aus wie Arbeitsblatt 4306:

    - Ist die gegebene Information ausreichend, sind alle wichtigen Informationen darauf enthalten?

    - Wie oft soll das Blatt an die einzelnen Beschäftigten verteilt werden?

    - In welcher Weise soll es verteilt werden, darf jederman es einsehen?

B) Was fordert ihr, um die jederzeitige aktuelle Information sicherzustellen?

    - An welchen Informationen über sich selbst haben die KollegInnen Interesse?

    - Wie können sie zugänglich gemacht (angezeigt, ausgedruckt ...) werden?

C) Am 16. Mai 1991 sollen Wanda Wollschläger (Personal-Nr.4447) zwei Stunden wegen unbezahltem Behördengang während der Arbeitszeit abgezogen werden. Versehentlich wird die Zeit aber Helga Kohl, (Personal-Nr. 4444) abgezogen: Wie bekommt sie (aus Arbeitsblatt 4306) Kenntnis davon?

Zeitbedarf: 25 Minuten.

TBS
Technologieberatungsstelle beim DGB Landesbezirk NRW

Arbeitsblatt 4404
Computertechnik für Arbeitnehmervertreter

Zeithoheit für die AZEV-Betroffenen

TeilnehmerInnen-Übung

Situation:

1. Die Geschäftsleitung sieht ein, daß die Einführung des AZEV-Systems nicht dazu führen darf, daß Beschäftigte ihrer Zeit "hinterherrennen" müssen.

Aufgabe:

Für Helga Kohl gilt ein Arbeitszeitmodell, wie es im Arbeitsblatt 4203 oder 4205 in Verbindung mit Arbeitsblatt 4204 beschrieben ist.

A) Am Dienstag, den 16. Mai hat sie ihre Ausweiskarte vergessen, Urlaub oder Krankheit sind nicht für sie eingetragen: Wieviel Zeit soll das AZEV-System für diesen Tag anrechnen?

B) Am 17. Mai hat sie um 8.00 Uhr "Kommen" gebucht. Um 14.00 Uhr wird ihr schlecht, sie meldet sich bei ihrer Chefin ab und fährt nach Hause:

- Wieviel Zeit bekommt sie am 17. Mai bezahlt?
- Wieviel Zeit soll ihr das System gutschreiben?
- Was passiert, wenn sie um 14.00 Uhr "Gehen" bucht?

C) Am 18. Juni bucht Helga Kohl um 8.00 Uhr "Kommen"; wegen eines Termines muß sie bis 18.30 Uhr arbeiten und bucht dann "Gehen". Vom Betriebsrat sind für diesen Tag zwei Überstunden genehmigt worden:

- Was rechnet das System für diesen Tag aus, wenn Helga Kohl nicht aktiv wird?
- Was muß Helga Kohl tun, damit ihre Mehrarbeit bezahlt wird?
- Wie kann technisch (über das Computersystem) sichergestellt werden, daß die Mehrarbeitsbuchung nicht "unter den Tisch fällt"?

Zeitbedarf: 25 Minuten.

TBS — Arbeitsblatt 4405
Technologieberatungsstelle beim DGB Landesbezirk NRW — Computertechnik für Arbeitnehmervertreter

Protokollierung (Beispiel)

```
        8.2.1Aufstellung der Zugriffe berechtigter Personen
================================================================================
   16.5.1991        15:43:4                         TBS       FREIER_DIALOG
      DRUCKFELDER    :      Pers.Nr.      Name
   SCHLUESSELFELDER  :      Abmahnung
   16.5.1991        15:43:29                        TBS       NAMEN_BR
   16.5.1991        15:43:49                        TBS       KRANKENSTAND
   16.5.1991         16:9:16                        TBS       FREIER_DIALOG
      DRUCKFELDER    :             Name       Alter
   SCHLUESSELFELDER  :      Alter
   16.5.1991         16:9:39                        TBS       ÜBERSTD
   16.5.1991         16:9:52                        TBS       KÜNDIGUNG
   16.5.1991        16:10:44                        TBS       FREIER_DIALOG
      DRUCKFELDER    :             Name    Gewerksch   Betr.zug
   SCHLUESSELFELDER  :      Gewerksch
   16.5.1991        16:11:31                        TBS       MAMEN_VL
   16.5.1991        16:11:41                        TBS       KRANKENSTAND
   16.5.1991        16:12:30                        TBS       FREIER_DIALOG
      DRUCKFELDER    :             Name       Nation
   SCHLUESSELFELDER  :      Nation
   16.5.1991        16:13:54                        TBS       FREIER_DIALOG
      DRUCKFELDER    :      Pers.Nr.      Name    Fehltage   Gewerksch
   SCHLUESSELFELDER  :      Fehltage
   16.5.1991         16:14:9                        TBS       KRANKENSTAND
weiter
```

IG-Metall-Demonstrationsprogramm "PISSDEMO"

TBS
Technologieberatungsstelle beim DGB Landesbezirk NRW

Arbeitsblatt 4406
Computertechnik für Arbeitnehmervertreter

Zugriffsänderungs-Maske (Beispiel)

```
                         P A S S W Ö R T E R   Ä N D E R N          1. ...: 16.05.91

                                                    !     Zugriffe      !
! Nr! Passwort !    Benutzernamen                   ! 1 2 3 4 5 6 7 8 ! Farbe !
!---!----------!---------------------------------!---!-----------------!-------!
! 1 ! TBS      ! Referenten - alles erlaubt      ! X X X X X X X X !   H   !
! 2 ! leit     ! Personal-Leiter                 ! X               !   S   !
! 3 ! PersA    ! Sachbearbeitung Personalabteilun! X X   X X X X   !   B   !
! 4 ! Abrech   ! Sachbearbeitung Abrechnung      ! X   X           !   H   !
! 5 !          !                                 !                 !       !
! 6 ! M        ! Monochrom                       !                 !   M   !
! 7 !          !                                 !                 !       !
! 8 !          !                                 !                 !       !
! 9 !          !                                 !                 !       !
!10 !          !                                 !                 !       !

1=Personalstamm   2=PEP         3=Manuelle Buchungen    4=Aushilfenabr.
5=Listen          6=Stammdaten  7=Freischichtenplanung  8=BDE

Farben: M=Monochrom, S=Schwarz, B=Blau, H=Hellblau, W=Weiß
```

Quelle: System IPEV v. Fa. Hengstler

Lehreinheit 5

Handlungsmöglichkeiten für Betriebsräte

Inhalt

Lernziele 5–3
Kurzzugang 5–4
Langfassung
    AS 1 Beteiligungshindernisse 5–5
    AS 2 Informationsbedarf des Betriebsrates 5–6
    AS 3 Planungsschritte der Geschäftsleitung
        und Reaktion des Betriebsrates 5–9
    AS 4 Weitere Handlungsmöglichkeiten des Betriebsrates 5–14
Arbeitstransparente 4501 bis 4505 5–16
Arbeitsblatt 4501 5–22

Lernziele

Es ist didaktisch naheliegend, die Beteiligungsschritte des Betriebsrates von Anfang an im Zusammenhang mit deren sinnvoller zeitlicher Einordnung in das AZEV-Projekt darzustellen. Rechtliche und nicht rechtliche Handlungsmöglichkeiten können dabei zwar unterschieden, sollen jedoch gemeinsam behandelt werden.

Dabei ist es besonders wichtig, die in den Reihen der TeilnehmerInnen in aller Regel vorhandenen Erfahrungen aufzugreifen.

1. Im einzelnen sollten die TeilnehmerInnen nach Besuch des Seminars
   – in der Lage sein, Informationen selbständig anzufordern und die Vollständigkeit des Eingangs zu überprüfen;
   – begründen können, aufgrund welcher Rechte sie diese Informationen verlangen können und
   – wissen, auf welchen Wegen sich der Betriebsrat neben der direkten Anfrage an die Geschäftsleitung Informationen beschaffen kann.

Die SeminarteilnehmerInnen sollen

2. die wichtigsten Handlungsschritte des Arbeitgebers kennen und in die Phasen »Vorplanung«, »Planung« und »Einführung« einordnen können;
3. über die ihnen zustehenden Rechte gemäß BetrVG informiert sein und deren Wahrnehmung zeitlich den Projektphasen zuordnen können;
4. dem Arbeitgeber gegenüber begründen können, warum und nach welchen Tatbeständen die Einführung des AZEV-Systems der Mitbestimmung des Betriebsrates unterliegt;
5. die Chancen zur Durchsetzung einer einstweiligen Verfügung beurteilen können, wenn das AZEV-System unter Verletzung der Mitbestimmungsrechte des Betriebsrates eingeführt wurde oder werden soll;
6. weitere Handlungsmöglichkeiten (Nutzung des Rechtes auf informationelle Selbstbestimmung und der Datenschutzgesetze, Einbeziehung der Belegschaft, Hinzuziehung von Sachverständigen) kennen und anwenden können;
7. in der Lage sein, einen Arbeitsplan des Betriebrates mit ggf. arbeitsteiliger Vorgehensweise sowie Einbeziehung externer Unterstützung zu erstellen.

Kurzzugang

Lerninhalte	Didaktisch-methodische Hinweise
AS 1 Beteiligungshindernisse	TeilnehmerInnen-»Befragung«
	Zeitbedarf: ca. 15 Min.
AS 2 Informationsbedarf des Betriebsrates	Zusammenfassung im Lehrgespräch
2.1 Komplettierung des Informationsbedarfs	Systematisierung der dokumentierten bisherigen Arbeitsergebnisse
2.2 Vorgehen gegenüber der Geschäftsleitung	
2.3 Weitere Informationsquellen	
	Zeitbedarf: ca. 30 Min.
AS 3 Planungsschritte der Geschäftsleitung und Reaktion des Betriebsrates	Lehrgespräch mit Zuordnung von Beteiligungsrechten zu den Phasen, Folien 4501 bis 4504, Arbeitsblatt 2605
3.1 Vorplanung	
3.2 Planung	
3.3 Einführung	
3.4 Nutzung und Integration	
	Zeitbedarf: ca. 30 Min.
AS 4 Weitere Handlungsmöglichkeiten des Betriebsrates	
4.1 Volkszählungsurteil und Datenschutzgesetze	Lehrgespräch, Folie 4505
4.2 Einbeziehung der Belegschaft	
4.3 Hinzuziehung von Sachverstand	
4.4 Konkrete Planung der nächsten Schritte	Arbeitsblatt 4501
	Zeitbedarf: ca. 30 Min.
	Gesamter Zeitbedarf: ca. 105 Min.

Langfassung

1. Beteiligungshindernisse

Bevor die Handlungsmöglichkeiten für Betriebsräte behandelt werden, erscheint es sinnvoll, sich zunächst mit den Handlungsbedingungen, d.h. insbesondere mit den Hemmnissen zu beschäftigen, die den Betriebsrat daran hindern, sich mit seinen Auffassungen zur AZEV-Einführung durchzusetzen. Auf ihre Handlungsbedingungen angesprochen, nennen Betriebsräte im wesentlichen die folgenden Beteiligungshindernisse:

1. »Die Rechte nach BetrVG reichen nicht aus, um eigene sinnvolle Vorschläge durchzusetzen.«
2. »Der Betriebsrat wird für eine wirkungsvolle Beteiligung nicht rechtzeitig genug informiert.«
3. »Die Vorschläge der Geschäftsleitung sind auch für die Beschäftigten gut.«
4. »Die betroffenen Beschäftigten ziehen nicht mit.«
5. »Die Qualifikation des Betriebsrates reicht nicht aus.«

Unabhängig davon, ob diese Hindernisse in allen Betrieben auftreten, oder ob sie teilweise auch Schutzbehauptungen sind, um zu entschuldigen, daß man sich nicht mit der EDV-Problematik befaßt: Am Beginn des Betriebsratshandelns muß eine Auseinandersetzung mit diesen Argumenten stehen, damit ein wirksamer Arbeitsplan aufgestellt werden kann.

Als Hauptdhemmnisse werden von den meisten Betriebsräten die verspätete Information (vgl. Nr. 2) und die unzureichende Qualifikation (vgl. Nr. 5) genannt. Bei Berücksichtigung der in dieser Lehreinheit folgenden Empfehlungen lassen sich jedoch gerade hier die Bedingungen durch den Betriebsrat am erfolgreichsten verbessern.

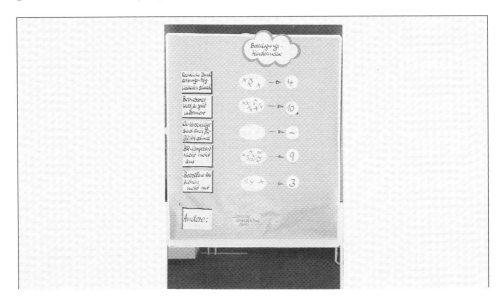

> Es ist wichtig, die TeilnehmerInnen – etwa unter der Leitfrage: »Was sind die wichtigsten Hemmnisse bei eurer Einflußnahme auf die AZEV-Einführung im Betrieb?« – Beteiligungshindernisse herausarbeiten zu lassen. Jede/r TeilnehmerIn schreibt z.B. zwei Gründe auf Karten, die vom/von der Referenten/in gesammelt und in Gruppen geordnet werden. Dies bewirkt, daß sich alle TeilnehmerInnen über die Hemmnisse in ihren eigenen Betrieben Klarheit verschaffen und daß auch im Gesamtbild ersichtlich wird, wo Schwerpunkte liegen.

2. Informationsbedarf des Betriebsrates

2.1 Komplettierung des Informationsbedarfs

Der Betriebsrat muß informiert werden, damit er sich ein Urteil darüber bilden kann, ob und unter welchen Umständen er der Einführung und Anwendung eines EDV-gestützten AZEV-Systems zustimmt. Nur so kann er seine Mitbestimmungsrechte wahrnehmen. Ohne Informationen ist er nicht in der Lage, den Planungen der Geschäftsleitung seine Zustimmung oder auch nur seine vorläufige Zustimmung zu erteilen. Die Geschäftsleitung hat also in dem Falle, daß die AZEV-Planungen möglichst bald in die Einführungsphase münden sollen, selbst ein Interesse daran, den Betriebsrat möglichst zügig und umfassend zu unterrichten. Die Informationsrechte des Betriebsrates sind hauptsächlich in den §§ 80 und 90 BetrVG geregelt (vgl. weiter unten).

Zu folgenden Gebieten sollte der Betriebsrat Informationen anfordern:

1. Zweck des Systems
2. Datenhaltung
3. Konfiguration
4. Dokumentation der Zeitverarbeitung für die betroffenen Beschäftigten
5. Personalplanung und personelle Einzelmaßnahmen einschließlich Qualifizierung
6. Wirtschaftlichkeit
7. Auswertungen
8. Datenschutz
9. Arbeitsplätze

Der Betriebsrat kann seinen Informationsbedarf durch Anforderung von Unterlagen oder durch gezielte Fragen ausdrücken.

Fragen ist die gezielteste Form des Informationsbegehrens; sie hat den Vorteil, daß in der Regel auch das beantwortet werden muß, was gefragt wurde. Umgekehrt wird natürlich nur das Gefragte beantwortet, d.h. andere erforderliche Informationen erhält der Betriebsrat zunächst nicht. Er sollte darauf achten, daß die Antworten schriftlich gegeben werden.

Unterlagen haben den Vorteil, auch Antworten auf nicht gestellte (beispielsweise vergessene) Fragen zu enthalten. Allerdings sind die betreffenden Unterlagen oftmals sehr umfangreich und behandeln auch Themen, die den Betriebsrat nicht interessieren. Die Arbeit damit erfordert in der Regel viel Übung, insbesondere ein geübtes Auge dafür, wo die für den Betriebsrat relevanten Informationen sich befinden.

Unterlagen sind oftmals – weil für einen größeren Kreis geschrieben – mit mehr Aufwand erstellt und daher übersichtlicher. Sie gewährleisten eher den Anspruch einer vollständigen Information als die Summe der Antworten auf gezielt gestellte Fragen.

Es können folgende Unterlagen angefordert werden:

1. Pflichtenheft der Geschäftsleitung
2. Wirtschaftlichkeitsrechnung
3. Herstellerprospekte, Leistungsbeschreibungen
4. BedienerInnen-Handbuch des geplanten Systems
5. Feldbeschreibung der gespeicherten Daten
6. Probeausdrucke aller Auswertungsprogramme des geplanten Systems
7. Geplanter Konfigurationsplan
8. Kaufvertrag, soweit schon die Entscheidung für ein bestimmtes System gefallen ist.

2.2 Vorgehen gegenüber der Geschäftsleitung

Der Betriebsrat sollte bei seiner Beteiligung an der AZEV-Planung und -Einführung besonders auf schriftliche Abwicklung der Informationsbeschaffung achten.

Formulierung des Informationsbedarfs:

Der Informationsbedarf des Betriebsrates ist jeweils schriftlich zu formulieren und der Geschäftsleitung bzw. den übrigen am Verfahren Beteiligten (beispielsweise Gewerkschaft, Sachverständige) zuzustellen.

Antworten der Geschäftsleitung:

Es sollte darauf bestanden werden, daß Fragen schriftlich beantwortet und Unterlagen herausgegeben werden.

Mündliche Informationen:

Verfolgt die Geschäftsleitung die – für sie einfachere und möglicherweise günstigere – Strategie, einzelne, zum Teil wechselnde Betriebsratsmitglieder ausschließlich mündlich (z.B. »auf dem Flur«) zu unterrichten, empfiehlt sich für den Betriebsrat folgendes Verfahren: Entgegennehmen der Informationen mit Anfertigen einer Gesprächsnotiz, die der Geschäftsleitung umgehend zur Behebung von Mißverständnissen und Auslassungen übergeben wird. Dieses Verfahren ist zwar möglicherweise für den Betriebsrat sehr aufwendig, zur Dokumentation für alle Beteiligten, insbesondere für die nicht anwesenden, jedoch unabdingbar.

Bei der späteren Wahrnehmung seiner Mitbestimmungsrechte – insbesondere bei einem Antrag auf einstweilige Verfügung der Unterlassung weiterer Einführungsschritte – muß möglicherweise der Betriebsrat der Geschäftsleitung Verfehlungen im Beteiligungsverfahren nachweisen. Dies ist um so schwieriger, je weniger Schritte schriftliche Spuren hinterlassen haben.

In der Regel sollte der Betriebsrat darauf bestehen, daß ihm Unterlagen zur Verfügung gestellt werden. Nur in Ausnahmefällen ist es nicht sinnvoll, auch umfangreiche Handbücher kopieren zu lassen. Der Betriebsrat sollte dann jedoch darauf achten, daß neben ihm auch seine Verfahrensbeauftragten und Sachverständigen ungehindert Zugang zu den Unterlagen erhalten. Dieses Recht steht ihm zu. Des weiteren sollte er sich jederzeit vorbehalten, Kopien von ihm wichtig erscheinenden Textstellen etc. anzufertigen.

2.3 Weitere Informationsquellen

Neben dem Weg über das direkte Informationsbegehren an die Geschäftsleitung hat der Betriebsrat folgende Möglichkeiten, sich Informationen und Kenntnisse für das Beteiligungsverfahren zu beschaffen:

1. Er kann sich nach § 37 (6) BetrVG auf Messen über das vorgeschlagene oder andere Systeme informieren und sich die Funktionsweise demonstrieren lassen. Geeignet dafür sind die »Systems« in München, die »CEBIT« und die Hannover-Messe.
2. Der Betriebsrat kann verlangen, an Präsentationen in Frage kommender Lieferanten teilzunehmen und sich das entsprechende System demonstrieren zu lassen. Vorteilhaft ist es, wenn bereits eigene Anforderungen an das AZEV-System formuliert wurden. Es ist jedoch auch möglich, als Betriebsrat einen eigenen Termin mit dem Hersteller zu vereinbaren.
3. Der Betriebsrat kann nach § 37 (6) BetrVG an entsprechenden Schulungen teilnehmen.
4. Der Betriebsrat kann über die zuständige Gewerkschaft oder Technologieberatungsstelle versuchen, in Kontakt und Erfahrungsaustausch mit anderen Betriebsräten zu kommen, die schon über einschlägige Erfahrungen verfügen.
5. Für »Leseratten« unter den Betriebsratsmitgliedern und solche, die es werden wollen, gibt es einige Veröffentlichungen, die die Problematik aus der Interessensicht von Betriebsräten und Beschäftigten anschaulich und gut lesbar darstellen (vgl. Literaturhinweise Nr. 1 – 3).

Im Laufe der vorangegangenen Lehreinheiten ist bereits zusammengetragen worden, welche Informationen der Betriebsrat wozu benötigt. An dieser Stelle wird der Informationsbedarf zusammengefaßt, ergänzt und systematisiert.

Der Arbeitsschritt sollte in Form eines Lehrgesprächs durchgeführt werden. Dabei hilft das erstellte Informationsplakat. Die vorhandenen Karten werden gemäß Text ergänzt bzw. systematisiert. Die Reihenfolge orientiert sich an der Chronologie der Erstellung der Unterlagen.

3. Planungsschritte der Geschäftsleitung und Reaktion des Betriebsrates

Als nächstes muß die Frage aufgeworfen (und beantwortet) werden, wie der Betriebsrat Einfluß nehmen kann und wann er eingreifen sollte.

Erheblich für die Betriebsratsbeteiligung sind die verschiedenen Planungsschritte bei der Einführung eines AZEV-Systems. Nicht immer geht die Geschäftsleitung besonders systematisch vor, wenn sie die Einführung eines AZEV-Systems erwägt, plant und das System schließlich einführt. Trotzdem ist die Kenntnis der Einführungsphasen sowie die Zuordnung einzelner Maßnahmen zu diesen Phasen für den Betriebsrat wichtig:

- Oftmals erkennt er nur aufgrund einzelner Aktivitäten der Geschäftsleitung, daß Überlegungen oder sogar schon Planungen zu einem AZEV-System im Gange sind.
- Auch wenn der Arbeitgeber nicht in allen Fällen planvoll vorgeht, entspricht doch die Reihenfolge der Schritte einer Logik, die an den entsprechenden Stellen Eingriffe des Betriebsrates erforderlich macht.
- Einige Rechte nach dem Betriebsverfassungsgesetz nehmen direkten Bezug auf einzelne oder mehrere Projektphasen: Das Informations- und Beratungsrecht nach § 90 bezieht sich auf die Planungsphasen, während das Mitbestimmungsrecht nach § 87 Abs. 1 Nr. 6 bei der Einführung des Systems ansetzt (vgl. **Folie 4501**).

3.1 Vorplanung

Zentraler Punkt der Vorplanung ist die Entscheidung, **daß** ein computergestütztes AZEV-System eingeführt werden soll. Vorher werden in der Regel die folgenden Fragen gestellt und ggf. Erhebungen oder Studien durchgeführt bzw. in Auftrag gegeben:

- Wie viele bzw. welche verschiedenen Arbeitszeitmodelle sind im Betrieb vorhanden? Welche werden in Zukunft hinzukommen?
- Welche Mechanismen und Verfahren zur Kontrolle der Einhaltung der Arbeitszeitordnung (Stempeluhren, Selbstaufschreibung, Pförtner etc.) gibt es?
- Welcher Aufwand fällt für die Abrechnung der Arbeitszeiten, beispielsweise das Abrechnen der Stempelkarten an?
- Welcher Aufwand fällt für Statistiken, insbesondere der Personalabteilung an? Welche zusätzlichen Statistiken sind zur Analyse der Personalkosten, der Fehlzeiten etc. erwünscht?
- Können durch das möglicherweise geplante Betriebsdatenerfassungssystem (BDE) auch Arbeitszeiten erfaßt werden?
- Welche Anforderungen werden (neuerdings) an Sicherheitsbereiche gestellt?
- Welche Investitionsmittel stehen zur Verfügung?
- Welche technischen Möglichkeiten bieten AZEV-Systeme der ins Auge gefaßten Preislage?

Gerade zur Beantwortung der letzten Frage besucht die Geschäftsleitung oftmals Messen oder Hersteller. Häufig beeinflussen solche Maßnahmen ganz erheblich die Entscheidung zugunsten einer technischen Lösung: »Was technisch machbar ist, wollen wir auch haben!«

Bei systematischem Vorgehen werden vor der Entscheidung die Ziele, die man mit dem Projekt erreichen will, zusammengestellt und Investitionen bzw. Kosten mit möglichen Einsparungen verglichen. Ergebnis ist eine Investitionsrechnung, die über den Wirtschaftsausschuß nach § 106 BetrVG auch dem Betriebsrat zusteht.

Andere Dokumente, die während der Vorplanung anfallen, sind:
- Arbeitszeitkonzepte,
- Sicherheitskonzepte mit verschiedenen Sicherheitszonen,
- Analysen von Verletzungen der Arbeitszeit bzw. Fehlzeitenanalysen,
- weitere Papiere bis hin zu Wertanalysen.

Alle diese Dokumente stehen dem Betriebsrat nach § 80 (2) BetrVG auf Anforderung zu. Umfang und Art der erforderlichen Unterlagen richten sich nach den betriebsverfassungsrechtlichen Aufgaben, für deren Erledigung er diese Dokumente benötigt. Er sollte daher diese Aufgaben – das sind z.B. die in 3.3 genannten Mitbestimmungsrechte – benennen (zum Unterrichtungsanspruch des Betriebsrates vgl. auch Fitting, Auffarth, Kaiser, Heither, RN 30ff. zu § 80 BetrVG bzw. Lehreinheit 5 von Band 1 dieser Reihe).

Oftmals werden von seiten der Personalabteilung oder Unternehmensleitung in der Vorplanung bereits personelle Zuständigkeiten festgelegt, beispielsweise eine Projektgruppe gebildet oder ein Projektleiter benannt. Bei systematischem Vorgehen kommt es oft zur Festlegung eines **Terminplanes**, nach dem die Einführung und Nutzung des Systems vonstatten gehen sollen. Betriebe, die die Mitwirkungsrechte des Betriebsrates ernstnehmen, werden spätestens dieses Dokument dem Betriebsrat selbständig zur Verfügung stellen, um ihm eine frühzeitige Beteiligungsplanung zu ermöglichen. Wenn der Betriebsrat nicht automatisch einen solchen Plan erhält, sollte er ihn sofort dann anfordern, wenn ihm entsprechende Planungen bekannt werden.

3.2 Planung

Am Ende der Planungsphase steht der erklärte Wille des Arbeitgebers zur Einführung des AZEV-Systems sowie die dazugehörige Zielsetzung fest. In der Planungsphase wird über Realisierungswege, mögliche Lieferanten und organisatorische Regelungen entschieden. Zunächst wird aber – im Gegensatz zur Einführung – nur Papier erzeugt: Die Planung ist rückholbar. Solche Papiere können sein:
- Pflichtenheft bzw. Anforderungskatalog, Ausschreibungstext,
- Kostenplanung,
- Personalplanung,
- Leistungsbeschreibung mit Musterausdrucken und Feldverzeichnissen für das geplante System,
- Konfigurationsplan für die Hardware,
- Datenflußplan mit den möglicherweise geplanten Vernetzungen zum Lohn- und Gehaltssystem etc.

Alle diese Unterlagen stehen in der Regel dem Betriebsrat zumindest nach § 90 Abs. 1 Nr. 2 ohne Aufforderung zu. Die Arbeitgeberseite verstößt also gegen das Betriebsverfassungsgesetz, wenn sie diese dem Betriebsrat nicht automatisch zukommen läßt. Nach § 90 BetrVG hat dieses so rechtzeitig zu erfolgen, daß Vorschläge und Bedenken des Betriebsrates bei der Planung berücksichtigt werden können. Dabei ist davon auszugehen, daß der Betriebsrat Gelegenheit haben muß, selber Anforderungen an die Technik zu stellen, die das Pflichtenheft oder die Ausschreibung betreffen.

An dieser Stelle hat der Betriebsrat auch die Chance, zur Wahrnehmung seiner Mitbestimmungsrechte (vgl. 3.3) anzukündigen, daß eine Einführung des Systems erst nach Abschluß einer Betriebsvereinbarung durchgeführt werden kann. Der Arbeitgeber hat dann selber das Interesse, zeitlich zügig zu verhandeln, Informationen rechtzeitig herauszugeben, den Betriebsrat umfassend zu beteiligen und ggf. Kompromissen eher zuzustimmen.

Spätestens bei der Sichtung und Bewertung technischer Unterlagen werden viele Betriebsräte überfordert sein. Hier bietet es sich an, sachkundige Gewerkschaftssekretäre, die Technologieberatungsstellen in den einzelnen Bundesländern oder Sachverständige nach § 80 (3) BetrVG hinzuzuziehen.

Möglichst früh sollte der Betriebsrat auch die Beschäftigten informieren. Es ist für den Betriebsrat besonders wichtig, den Beschäftigten seine Haltung deutlich zu machen. Dieses kann sowohl in Betriebsversammlungen über eine geeignete Berichterstattung als auch über Aushänge und Flugblätter geschehen.

Immer wenn Beschäftigte in ihrem Arbeitsablauf betroffen sind, beispielsweise bei Aufgabenänderungen in der Lohn- und Gehaltsabteilung, bei Änderungen der Tätigkeiten von Werkstattschreibern oder Pförtnern bzw. bei Planungen für die Einarbeitung/Qualifizierung ist auf jeden Fall eine intensive Zusammenarbeit zwischen den betroffenen Beschäftigten und dem Betriebsrat erforderlich.

3.3 Einführung

Die Einführungsphase zeichnet sich dadurch aus, daß ihre Ergebnisse nicht oder nur mit erheblichen Kosten rückholbar sind. Aus den »Papiervorstellungen« werden konkrete Ergebnisse:
- Kaufvertrag,
- Verkabelung,
- Gestaltung und Druck von Formularen und Codekarten,
- Durchführung von Qualifizierungsmaßnahmen,
- Installation der Software, Anbringen der Erfassungsgeräte,
- Eingabe der Personalstammdaten,
- Parametrierung, d.h. Anpassung des Systems an die konkrete Arbeitszeitregelung.

Da sich die Einführung kaum rückgängig machen läßt, ist eine Einigung mit der Geschäftsleitung in Form einer Betriebsvereinbarung vor der Einführung erforderlich. Sollte keine Einigung zustande kommen, ist jede Seite berechtigt, die Einigungsstelle anzurufen, deren Spruch die Einigung zwischen Geschäftsleitung und Betriebsrat ersetzt. Denn bei AZEV-Systemen werden Verhaltensdaten (nämlich die Zeitdaten) erfaßt und verarbeitet. Oftmals ist auch die Ordnung im Betrieb berührt. Somit bestehen Mitbestimmungsrechte zumindest nach § 87 Abs. 1 Nr. 1 und Nr. 6. Hierüber besteht in der Rechtsprechung kein Zweifel. Daher hat der Betriebsrat auch einen Unterlassungsanspruch: Mindestens bis zum Zeitpunkt der Entscheidung der Einigungsstelle kann der Betriebsrat verlangen, daß Einführungsmaßnahmen unterlassen werden. Insbesondere hat der Arbeitgeber auch bereits erlassene, einseitige Anordnungen zurückzunehmen bzw. Maßnahmen zu beseitigen, wenn sie unter Verletzung der Mitbestimmung zustande gekommen sind. Auch der Erlaß einer einstweiligen Verfügung ist zu prüfen. Sie gewährt dem Betriebsrat einen effektiven Rechtsschutz gegen die Mißachtung der Mitbestimmungsrechte.

Insgesamt kommen folgende Mitbestimmungsrechte in Frage:
- § 87, Abs. 1 Nr. 1 BetrVG (Ordnung des Betriebs und des Verhaltens der Arbeitnehmer im Betrieb), insbesondere wenn Zugangskontrollen oder Zugangsbeschränkungen vorgesehen sind,
- § 87, Abs. 1 Nr. 2 BetrVG (Beginn und Ende der täglichen Arbeitszeit), wenn durch das System Grundsätze der Arbeitszeitregelung berührt werden,
- § 87, Abs. 1 Nr. 5 BetrVG (Aufstellung allgemeiner Urlaubsgrundsätze und des Urlaubsplans)
- § 87, Abs. 1 Nr. 6 BetrVG (Kontrolle von Leistung und Verhalten mit Hilfe von technischen Einrichtungen)
- § 94, Abs. 1 BetrVG (Personalfragebogen)
- § 94, Abs. 2 BetrVG (allgemeine Beurteilungsgrundsätze)
- § 95, Abs. 1 BetrVG (Auswahlrichtlinien)
- § 95, Abs. 2 BetrVG (Anspruch auf Aufstellung von Auswahlrichtlinien bei Betrieben mit mehr als 1000 Arbeitnehmern).

Hingewiesen werden kann weiterhin auf die Mitbestimmungsmöglichkeit bei personellen Einzelmaßnahmen (§§ 99 und 102 BetrVG) und bei der Durchführung von

Fortbildungsmaßnahmen (insbesondere § 98 BetrVG). Einen Überblick gibt **Folie 4502**.

Zwar hat das BetrVG grundlegende Bedeutung für die Festlegung der Kompetenzen der Betriebsparteien. Die Worte »Computer«, »EDV« oder gar »AZEV« kommen dort jedoch nicht vor. Der Betriebsrat tut also gut daran, die Paragraphen des BetrVG gelegentlich wie Werkzeuge zu verwenden (vgl. **Folie 4503**). Die Rechtsprechung des BAG sichert mittlerweile die Mitbestimmung des Betriebsrates gemäß § 87 Abs. 1 Nr. 6 unzweideutig (vgl. hierzu ausführlich Band 1, Lehreinheit 5 und **Arbeitsblatt 2605**).

3.4 Nutzung des Systems und Integration

Der Betriebsrat sollte beachten, daß der Zeitraum von der Initiative oder Idee bis zur tatsächlichen Nutzung des Systems auf jeden Fall mehrere Monate, nicht selten 2 bis 3 Jahre in Anspruch nimmt (vgl. **Folie 4501**).

Zentrale Bedeutung hat die Aussage, daß die Erfolgsaussichten des Betriebsrats um so größer sind, je eher er sich beteiligen kann (vgl. **Folie 4504**). Der Gestaltungsspielraum verringert sich fortwährend. Beispielsweise kann nach der Entscheidung für ein bestimmtes Softwareprodukt der Stammdatensatz oder das Zugriffssicherungssystem weitgehend festgelegt sein.

Arbeitsschritt 3 wird in Form eines Lehrgesprächs durchgeführt. Es bietet sich an, den Zusammenhang zwischen den einzelnen Phasen, den Schritten der Geschäftsleitung und denen des Betriebsrates an einer Wandtafel oder Metaplanwand darzustellen. Dabei können verschiedenfarbige Karten Verwendung finden. Unterschieden werden sollten:

– Schritte der Geschäftsleitung,
– Schritte des Betriebsrates,
– anwendbare Normen des BetrVG,
– rechtliche Schritte.

Zunächst werden nur die Phasen erläutert und dann erst die dazugehörigen Handlungsschritte von Geschäftsleitung und Betriebsrat eingefügt. Die Zusammenhänge lassen sich auf **Folie 4501** verdeutlichen. Sie kann folgendermaßen entwickelt werden: Zunächst ist nur der Zeitstrahl sichtbar, anschließend werden schrittweise die einzelnen Phasen sowie die Maßnahmen von Geschäftsleitung und Betriebsrat aufgedeckt. Die im Text aufgeführten Paragraphen des Betriebsverfassungsgesetzes können gemäß ihrer Zuordnung zu einzelnen Phasen auf der Folie unter der Spalte »Betriebsrat« handschriftlich aufgetragen werden.

Folie 4503 drückt den Werkzeugcharakter des BetrVG aus. Hier können – im übertragenen Sinne – der Hammer als § 87 Abs. 1 Ziff. 6, der Zollstock als § 80 Abs. 2 etc. markiert werden.

Zur bildlichen Darstellung der sich verringernden Gestaltungsspielräume bei fortschreitenden Phasen dient **Folie 4504**.

4. Weitere Handlungsmöglichkeiten des Betriebsrates

Im folgenden werden weitere Handlungsmöglichkeiten des Betriebsrates aufgeführt, die nicht einzelnen Planungsschritten der Geschäftsleitung zuzuordnen sind, sondern für den gesamten Einführungsprozeß herangezogen werden können.

4.1 Volkszählungsurteil und Datenschutzgesetze

Im § 75 Abs. 2 BetrVG befindet sich ein direkter Hinweis auf das Grundgesetz: »Arbeitgeber und Betriebsrat haben die freie Entfaltung der Persönlichkeit der im Betrieb beschäftigten Arbeitnehmer zu schützen und zu fördern.« Im sogenannten Volkszählungsurteil 1983 wurde der Begriff »freie Entfaltung der Persönlichkeit« nach Artikel 2 Grundgesetz weiter konkretisiert: Unabhängig von allen Rechten des Betriebsrates muß der Arbeitgeber besondere Gründe dafür geltend machen, wenn er Personaldaten auf Computern speichern und verarbeiten will. Dem gegenüber steht das »Rechtsgut« aller einzelnen Beschäftigten, **selbst** über die Preisgabe ihrer Informationen zu entscheiden. Dieses Recht kann nur eingeschränkt werden durch

– entsprechende Gesetze oder Verordnungen, diese dürfen nur bei überwiegendem öffentlichen Interesse erlassen werden;
– schriftliche Einwilligung der Betroffenen (vgl. auch **Folie 4505**).

Es könnten also auch bei unklarer Sachlage einzelne Beschäftigte dem Begehren des Arbeitgebers nach der konkreten Speicherung und Verarbeitung ihrer Daten widersprechen. Es gibt Beispiele, in denen Beschäftigte quasi kollektiv der Verarbeitung ihrer personenbezogenen Daten widersprochen haben. Dies geschah in der Auseinandersetzung um die Einführung des Personalinformationssystems PAISY bei Opel. Dadurch wird ein Druck auf den Arbeitgeber ausgeübt, mit dem Betriebsrat eine Betriebsvereinbarung zur ordnungsgemäßen Datenverarbeitung im Betrieb abzuschließen.

Aus Zeitgründen ist eine Vertiefung der datenschutzrechtlichen Bestimmungen an dieser Stelle nicht möglich. Vertieft werden diese Inhalte im Aufbauseminar »Personaldatenverarbeitung« (vgl. Band 2 dieser Reihe). Der Ergänzungsband zu den Bänden 1 und 2 stellt ausführlich das 1991 in Kraft getretene neue Bundesdatenschutzgesetz (BDSG) dar und insbesondere den hier wichtigen § 9 nebst Anlage.

Nach § 80 Abs. 1 BetrVG gehört es zu den Aufgaben des Betriebsrates, die Durchführung von Gesetzen zugunsten der von ihm vertretenen Beschäftigten zu überwachen. Zu diesen Gesetzen gehört auch das Bundesdatenschutzgesetz, soweit seine Bestimmungen auf die ArbeitnehmerInnen des Betriebes Anwendung finden.

4.2 Einbeziehung der Belegschaft

Wie in allen übrigen EDV-Beteiligungsverfahren auch ist es unabdingbar für den Betriebsrat, die Belegschaft über die Planung der Geschäftsleitung und den Stand der Verhandlungen sowie die Position des Betriebsrates laufend zu informieren. Dies kann durch Flugblattaktionen oder auch durch Berichte anläßlich von Betriebs- oder Abteilungsversammlungen geschehen.

Betroffenenbeteiligung bezieht sich in der Regel auf die Beschäftigten, die bislang und in Zukunft mit der Abrechnung der Entgelte zu tun haben. Vor der Forderung nach umfassender Qualifizierung für die zukünftig am Bildschirmgerät mit dem Programm befaßten Beschäftigten empfiehlt es sich unbedingt, diese Forderungen mit den betroffenen Beschäftigten abzusprechen. Eine Konsultation der von Rationalisierungsmaßnahmen im Abrechnungsbereich betroffenen Beschäftigten ergibt sich ohnehin von selbst.

4.3 Hinzuziehung von Sachverstand

Gerade für Betriebsräte, die in ihren Reihen keine Mitglieder mit weitreichenden EDV-Erfahrungen haben, ist es erforderlich, sich zur Unterstützung – insbesondere im technischen Bereich – sachkompetente Verbündete zu suchen. Dies bedeutet zunächst einmal die Einbeziehung von **kompetenten Belegschaftsmitgliedern**.

Auch **GewerkschaftsvertreterInnen** sollten zu Rate gezogen werden. Inzwischen sind viele betreuende Gewerkschaftssekretäre im Bereich der Personaldatenverarbeitung so erfahren, daß sie Betriebsräte in diesem Felde wirkungsvoll unterstützen können. Die Einbeziehung von Technologieberatungsstellen ist ebenfalls zu überlegen.

Sind alle betriebsinternen Informationsquellen für den Betriebsrat erschöpft, kann er darüber hinaus gemäß § 80 Abs. 3 einen **externen Sachverständigen** hinzuziehen.

4.4 Konkrete Planung der nächsten Schritte

> Zur Sicherung der Umsetzung des Seminars in die eigene betriebliche Praxis ist es notwendig, daß die TeilnehmerInnen die nächsten Handlungsschritte planen. Da sie erfahrungsgemäß während des Lehrgangs sehr motiviert sind, das Gelernte umzusetzen, andererseits in der betrieblichen Praxis schnell wieder auf Umsetzungsprobleme stoßen, unterstützt die gemeinsame Handlungsplanung im Seminar ein sachgemäßes und strategisches Handeln der Interessenvertretung.
>
> Die nächsten Handlungsschritte können gemäß **Arbeitsblatt 4501,** das in betriebsbezogenen Arbeitsgruppen bearbeitet wird, festgelegt werden. Vor Beantwortung der Fragen sollten die TeilnehmerInnen sich anhand ihrer Aufzeichnungen den bisherigen Ablauf des Lehrganges vergegenwärtigen. Es ist ausreichend, wenn einzelne Überlegungen im Plenum vorgestellt werden.
>
> Sind alle diesbezüglichen Karten im »Offene-Fragen-Register« behandelt?

Arbeitstransparente

4501	Planungsschritte bei Einführung eines AZEV-Systems
4502	Rechte des Betriebsrates bei AZEV
4503	Instrumente zur Betriebsratsbeteiligung
4504	Gestaltungsspielräume bei Einführung eines AZEV-Systems
4505	Inhalt des »Volkszählungsurteils«

Planungsschritte bei Einführung eines AZEV-Systems

Betriebsrat:

Vorplanung
- Bestandsaufnahme
- Messebesuch
- Projektanstoß

Information

Planung
- Pflichtenheft
- Kostenplanung
- Personalplanung

Gestaltungskonzept entwickeln
Beratung
Mobilisierung

BV verhandeln

Einführung
- Kaufvertrag
- Verkabelung
- Formulare/Karten
- Qualifizierung
- Installation
- Stammdateneingabe
- Parametrierung

BV abschließen

laufende Kontrolle ausüben

Integration Nutzung

© TBS

Rechte des Betriebsrats bei AZEV

Betr.VG	**Allgemeines Recht**
§ 75 Abs. 1,2	Durchsetzung von Grundrechten
§ 80 Abs. 1	Überwachung rechtlicher Bestimmungen
§ 83 Abs. 1,2	Einsicht in die Personalakte

Informations- und Beratungsrechte

§ 90	Einführung neuer Technologien
§ 92 Abs. 1,2	Personalplanung

Mitbestimmungsrechte

§ 87 Abs. 1 Nr. 6	Einrichtungen zur Überwachung von Verhalten und Leistung
§ 87 Abs. 1 Nr. 1	Fragen der Ordnung des Betriebs und Verhalten der Arbeitnehmer
§ 87 Abs. 1 Nr. 2	Arbeitszeit
§ 94 Abs. 1,2	Personalfragebögen Beurteilungsgrundsätze
§ 95 Abs. 1,2	Auswahlrichtlinien bei Personalentscheidungen

© TBS

TBS
4503

Technologieberatungsstelle beim DGB Landesbezirk NRW   Computertechnik für Arbeitnehmervertreter

Instrumente zur Betriebsratsbeteiligung

Gestaltungsspielräume bei Einführung eines AZEV-Systems

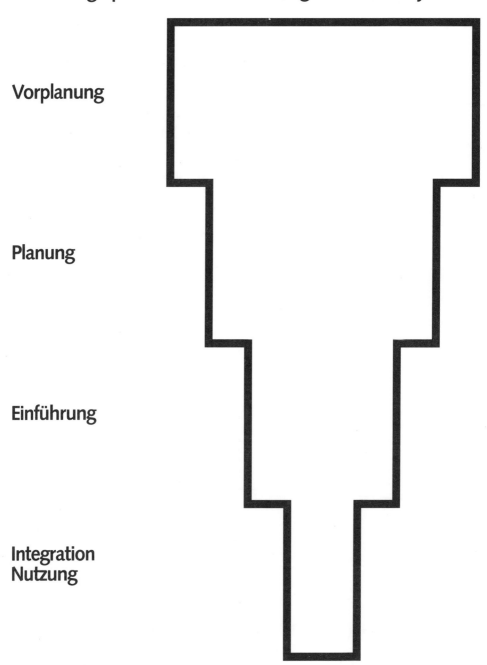

Vorplanung

Planung

Einführung

Integration
Nutzung

Inhalt des „Volkszählungsurteils"

Grundsatz: informationelle Selbstbestimmung

Voraussetzung für die Einschränkung dieses Rechts:

Gesetzliche Grundlage

Grundsatz der Normenklarheit

Geeignetheit, Erforderlichkeit

organisatorische und verfahrenstechnische Regeln

Grundsatz der Zweckbindung

Arbeitsblatt

4501   Planung der nächsten betrieblichen Arbeitsschritte

Arbeitsblatt 4501

Planung der nächsten betrieblichen Arbeitsschritte

1. Welches Problem im Zusammenhang mit dem AZEV-Einsatz soll bearbeitet werden?

2. Welche Ziele setzen wir uns dabei?

3. Welche Handlungsschritte sind notwendig?

4. Wie ist die Reihenfolge der Handlungsschritte?

5. Welcher Zeitplan oder Zeitrahmen ist realistisch?

6. Welche Probleme können auftreten und welche Lösungsmöglichkeiten sehen wir?

7.

8.

9.

10.

© TBS

Lehreinheit 6

Regelungsbereiche einer Betriebsvereinbarung

Inhalt

Lernziele	6–3
Kurzzugang	6–4
Langfassung	
AS 1 Grundsätze einer betrieblichen Regelung	6–6
AS 2 Regelungsinhalte	6–8
AS 3 Seminarkritik	6–16
Arbeitstransparente 4601 bis 4602	6–17
Arbeitsblätter 4601 bis 4603	6–20

Lernziele

Diese Lehreinheit faßt wichtige Themen aus den vorangegangenen Lehreinheiten zusammen und gliedert sie neu als Regelungsbereiche innerhalb der Systematik einer zu formulierenden und abzuschließenden Betriebsvereinbarung. Zusätzliche Regelungsbereiche – wie insbesondere Verfahren zur Festschreibung des Systems oder bei Änderungen sowie organisatorische Regelungen – werden zusätzlich eingeführt und ausführlicher behandelt. Am Ende der Lehreinheit steht die abschließende Seminarkritik. Insgesamt sollen die TeilnehmerInnen

- die Bedeutung einer (schriftlich abgefaßten) Betriebsvereinbarung innerhalb ihrer Beteiligung an der AZEV-Einführung einschätzen können;
- die verschiedenen Regelungsebenen unterscheiden und die Regelungsbereiche einer Betriebsvereinbarung zum AZEV-Einsatz nennen können sowie
- für die einzelnen Regelungsbereiche mögliche, der eigenen betrieblichen Situation angepaßte, konkrete Regelungsinhalte formulieren können.

Kurzzugang

Lerninhalte	Didaktisch-methodische Hinweise
AS 1 Grundsätze einer betrieblichen Regelung	Lehrgespräch
1.1 Die Bedeutung einer Betriebsvereinbarung.	Berücksichtigung von mitgebrachten Betriebsvereinbarungen, Folie 4501
1.2 Regelungsebenen	Folie 4601
1.3 Regelungsbereiche	Folie 4602
	Zeitbedarf: ca. 20 Min.
AS 2 Regelungsinhalte	Durchführung von zwei parallelen oder hintereinander stattfindenden Arbeitsgruppen anhand der Arbeitsblätter 4602 und 4601 (Zeitbedarf jeweils ca. 25 Min.), Aufarbeitung der Arbeitsgruppenergebnisse im Plenum, Ergänzung der restlichen Regelungsinhalte im Lehrgespräch
2.1 Zweckbestimmung	
2.2 Geltungsbereich	
2.3 Hardware	
2.4 Datenbestand	
2.5 Auswertung/Ausgaben	
2.6 Schnittstellen	
2.7 Organisatorische Regelungen	
2.8 Datenschutzmaßnahmen	
2.9 Regelungen für SachbearbeiterInnen	
2.10 Rechte des/der betroffenen Beschäftigten	
2.11 Rechte des Betriebsrates	
2.12 Inkrafttreten, Kündigung	
	Zeitbedarf: ca. 100 Min. (kürzeste Variante), ca. 145 Min. (längste Variante, d.h. Arbeitsgruppen hintereinander anstatt parallel)

AS 3 Seminarkritik Arbeitsblatt 4603 evtl. als Wandzeitung für Klebepunkte (Zeitbedarf ca. 10 Min.), anschließend mündliche Seminarkritik
Zeitbedarf: ca. 30 Min.

Gesamter Zeitbedarf:
ca. 50 Min. bis maximal ca. 195 Min. (längste Variante)

Langfassung

1. Grundsätze einer betrieblichen Regelung

1.1 Die Bedeutung einer Betriebsvereinbarung

Für viele Betriebsräte ist der Abschluß einer Betriebsvereinbarung zum AZEV-System das eigentliche Ziel ihrer Beteiligung.

In der Tat ist die schriftliche, umfassende Vereinbarung der Verhandlungsergebnisse zur Ausgestaltung des Systems, zu organisatorischen und Verfahrensregeln, sowie zu Rechten und Grundsätzen unerläßlich. Auch in Betrieben mit vertrauensvoller Zusammenarbeit zwischen den Betriebsparteien sind Betriebsvereinbarungen selbstverständlich notwendig, um Mißverständnissen vorzubeugen und einen personellen Wechsel in beiden Parteien im vorhinein zu berücksichtigen.

Insbesondere in Betrieben mit hartem Verhandlungsklima ist es ratsam, die erzwingbare Mitbestimmung voll auszuschöpfen und keine Einführungsmaßnahmen vor der Unterschrift unter die Betriebsvereinbarung zuzulassen (vgl. **Folie 4501**). Der Betriebsrat beraubt sich ansonsten selbst aller Durchsetzungsmittel. Auch die Durchsetzung nicht erzwingbarer Regelungen ist nach Einführung des AZEV-Systems kaum mehr möglich. Da bereits in der Lehreinheit 4 ausführlich über technische Anforderungen des Betriebsrates an das AZEV-System und Maßnahmen für den Betriebsrat zur Kontrolle diskutiert wurde, soll im folgenden der Schwerpunkt auf

— organisatorische Regelungen sowie
— Verfahren zur Festschreibung des Systems und Verfahren bei Änderungen

gelegt werden.

1.2 Regelungsebenen

Speziell für diejenigen Regelungsbereiche, die zum Schutz vor Verhaltens-(und Leistungs-)Kontrollen dienen sollen, gibt es eine »Rangfolge der Wirksamkeit«:

— **Einschränkung des Einsatzzweckes:** Der umfassendste Schutz wird erreicht, wenn die AZEV-Einsatzzwecke eingeschränkt werden können. Auf die Argumentation für alle folgenden Regelungsbereiche hat diese Bestimmung entscheidenden Einfluß. Beispielsweise können die notwendigen Buchungsanlässe und die erforderlichen Stammdaten stark begrenzt werden, wenn nur Abrechnung von Arbeitsstunden und ggf. das Verwalten der Urlaubsansprüche Zweck des AZEV-Systems sind.
— **Organisatorische Regelungen:** Wird beispielsweise der Kreis der Buchungsverpflichteten beschränkt und werden die Buchungsanlässe auf das erste Kommen und das letzte Gehen des Arbeitstages eingegrenzt, vermindert sich zwangsläufig die Datenmenge im Computer.
— Wie in anderen Fällen auch kann die Festschreibung des technischen Systems in der Betriebsvereinbarung die vorherigen Verhandlungen um die Ausgestaltung des Systems keinesfalls ersetzen: Dabei sollte der Schwerpunkt auf die **Begren-**

zung und Festschreibung **der Vernetzung** sowie auf die Einschränkung der Genauigkeit und des Umfanges **der Personalstammdaten** und der Anzahl **der Zeitkonten** (beispielsweise Abwesenheitsgründe) gelegt werden, erst dann ist an die **Begrenzung der Auswertung**smöglichkeiten zu denken.
- **Kontrolle der Einhaltung:** Die technische Durchsetzung der getroffenen inhaltlichen Vereinbarungen durch entsprechende Maßnahmen ist dann der letzte Schritt vor Regelungen zur **Kontrolle der Einhaltung der Betriebsvereinbarung**.

Die Rangfolge der einzelnen Regelungsebenen zeigt **Folie 4601**.

1.3 Regelungsbereiche

Auch bei AZEV-Systemen ist der Regelungsbedarf in jedem Betrieb für jeden Einführungsfall unterschiedlich; vor der Übernahme von Formulierungen aus »Musterbetriebsvereinbarungen« wird also gewarnt, wenn sie auch wertvoll für die Belebung der Phantasie der Vertragsparteien sein und insbesondere dem Betriebsrat Hinweise auf **mögliche** Regelungspunkte geben können.

Statt dessen sollen – nach der oben vorgeschlagenen Struktur – die Regelungstatbestände (»Regelungsbereiche«) einer Betriebsvereinbarung behandelt und innerhalb dieser Bereiche Ausgestaltungen (»Regelungsmöglichkeiten«) beschrieben werden. Die Einteilung in Regelungsbereiche als Vorbereitung späterer Paragraphen im Vereinbarungsentwurf des Betriebsrates erscheint sinnvoll, auch wenn – insbesondere in Verhandlungen – der Inhalt mehr Gewicht hat als die Form und die Reihenfolge.

Als Regelungsbereiche können aufgezählt werden (vgl. **Folie 4602**):

1. Zweckbestimmung des AZEV-Systems
2. Geltungsbereich der Vereinbarung
3. Systemgestaltung Hardware
4. Datenbestand
5. Auswertungen
6. Verknüpfungen/Schnittstellen
7. Organisatorische Regelungen
8. Datenschutz
9. Regelungen für die zuständigen SachbearbeiterInnen
10. Rechte der betroffenen Beschäftigten
11. Rechte des Betriebsrates
12. Schlußbestimmungen.

> Dieser Arbeitsschritt wird im Lehrgespräch durchgeführt, wobei die **Folie 4501** noch einmal für die Diskussion des Zeitpunktes eines Abschlusses der Betriebsvereinbarung hinzugezogen werden kann. Bei der Behandlung der Regelungsebenen und -bereiche sollte der/die ReferentIn besonders die spezielle Interessenzusammensetzung der SeminarteilnehmerInnen berücksichtigen. Insbesondere können auch Betriebsvereinbarungsvorschläge und -entwürfe der TeilnehmerInnen oder ihrer Arbeitgeber verwendet werden. Die Aufzählung der Regelungsbereiche sollte interaktiv erarbeitet werden, wobei die SeminarteilnehmerInnen auf

> die mitgebrachten Betriebsvereinbarungen bzw. -vereinbarungsentwürfe zurückgreifen können. Die Vervollständigung ist an Hand von **Folie 4602** möglich. Eine vollständige Zusammenstellung der Regelungsbereiche und die Möglichkeit, auf einzelne Punkte verweisen zu können, ist besonders wichtig. Denn im folgenden Arbeitsschritt und im vorgegebenen Zeitrahmen lassen sich nicht alle Betriebsvereinbarungsinhalte vollständig diskutieren, sondern es können nur Bereiche exemplarisch behandelt werden.

2. Regelungsinhalte

2.1 Zweckbestimmung des AZEV-Systems

Der zentrale Zweck einer AZEV-Einführung ist in der Regel die Vorbereitung der Lohn- und Gehaltsabrechnung. Zumindest wird dies in den meisten Fällen als Hauptzweck genannt. Die Nutzungsmöglichkeiten der auf dem Markt verfügbaren Systeme gehen jedoch oft weit über diesen Zweck hinaus. Sollte sich der Betriebsrat entschließen, in der Zweckbestimmung dem Arbeitgeber mehr als nur diesen Hauptzweck zuzugestehen, ist folgendes zu bedenken:

- Die zusätzlichen Nutzungsmöglichkeiten müssen eng begrenzt werden, und zwar auf bestimmte Auswertungen unter Angabe von Empfänger (z.B. »Krankenkasse«), Erstellungsanlaß (z.B. »monatlich am Monatsanfang über den abgelaufenen Monat«) und Abrechnungskreis (z.B. »für alle Angestellten« oder »für alle Beschäftigten«).
- Das Zulassen solcher eingegrenzten Zwecke macht oftmals die Erfassung und Speicherung einer Vielzahl anderer Personaldaten erforderlich (z.B. der Krankheitsdaten). Die Notwendigkeit von Absicherungsmaßnahmen gegen unberechtigte Weiterverarbeitung dieser zusätzlich gespeicherten Daten muß bereits hier bedacht werden.
- Der Zusammenhang »Mehr Zwecke, mehr Daten« spricht auch gegen die ansonsten durchaus sinnvolle Forderung, für den Betriebsrat, über EDV zum Beispiel Mehrarbeitsübersichten und -statistiken erstellen zu lassen (diese können nichtsdestotrotz nach Abwägung vereinbart werden).

2.2 Geltungsbereich der Vereinbarung

Der Geltungsbereich sollte örtlich, persönlich und sachlich festgelegt werden. Es empfiehlt sich die Ausdehnung des persönlichen Geltungsbereichs auf alle vom AZEV-System erfaßten oder potentiell erfaßten Beschäftigten.

2.3 Systemgestaltung Hardware

An dieser Stelle wird dokumentiert, auf welches System mit welchen Hardwarekomponenten, Gerätetypen und Aufstellungsorten sich Betriebsrat und Geschäftsleitung geeinigt haben. Das kann auch anhand einer Anlage zur Betriebsvereinbarung ge-

schehen. Sinnvoll sind die Vereinbarung eines Konfigurationsplanes sowie einer Liste aller angeschafften Hardwarekomponenten (beispielsweise Zentraleinheit, Controller, Bildschirm, Drucker, Erfassungsterminal, Codiergerät) mit folgenden Angaben:
- Beschreibung, Fabrikat, Typ,
- Technische Daten mit Angabe des Speicherplatzes bei Erfassungsterminals und Zentraleinheiten,
- Aufstellungsort.

a) Bei der Beschreibung der **Zentraleinheit** (des Computers) ist zu bedenken:
- Die Verwendung von PCs wirft Datenschutzprobleme auf. Sind Alternativen zum PC nicht durchsetzbar, ist die zusätzliche Anschaffung von Sicherungssoftware zu prüfen. In jedem Fall begründet die Verwendung eines PCs für das AZEV-System eine besonders restriktive Haltung des Betriebsrates hinsichtlich einer Zustimmung zur Speicherung von Daten und zur Verwendung von Auswertungsprogrammen. In diesem Falle sollte auf jeden Fall darauf geachtet werden, daß keine anderen Anwendungsprogramme auf dem PC installiert sind.
- Bei Verwendung eines Rechners der mittleren Datentechnik oder eines Großrechners ist die separate – d.h. von dem verwendeten Rechner losgelöste – Regelung des AZEV-Systems natürlich problematisch. Insbesondere müssen auf dem Rechner vorhandene Auswertungssprachen, das Zugriffssystem und andere auf die AZEV-Daten anwendbare Programme geregelt werden.

b) Bei Festlegung von Typ und Standort des **Druckers** ist es wichtig, daß zumindest der zulässige Lärmpegel (55 dB(A) in Büros) nicht überschritten wird. Zudem muß der Betriebsrat beim Aufstellungsort darauf achten, daß im Druck befindliche Listen oder Buchungsmeldungen nicht von »zufällig« anwesenden Beschäftigten eingesehen werden können. Möglicherweise ist bei den Ausdrucken für die Beschäftigten ein verdeckter Druck wie bei der Lohn- und Gehaltsabrechnung erforderlich. Der Drucker muß für solche Belege geeignet sein.

c) Bei der Festlegung der **Erfassungsterminals** sind Art, Standort und Anzahl besonders wichtig:
- Oft ist die Anschaffung von **druckenden Terminals**, an denen mit maschinenlesbaren Stempelkarten gebucht wird, für die Beschäftigten die günstigste Lösung. In diesem Falle müssen die Buchungsdaten im Computer nicht über die Tagesauswertung hinaus gespeichert werden. Sie können nach der Verbuchung auf die Zeitkonten gelöscht werden, da die Zeitpunkte der Kommen-, Gehen- und anderen Buchungen auf der Stempelkarte und ggf. bei der Tagesauswertung ausgedruckt wurden und daher nachvollziehbar sind.
- Wichtig ist auch, daß die Terminals nicht für **andere Zwecke**, z.B. Zugangskontrolle und Betriebsdatenerfassung (auftragsorientiert, maschinenorientiert), verwendet werden sowie nicht an Türen oder Drehkreuzen angeschlossen sind.
- Die **Zahl** der zu installierenden Erfassungsterminals sollte bedarfsgerecht sein, so daß sich zu Arbeitsbeginn und -ende keine Schlangen und damit Wartezeiten für die Beschäftigten ergeben. Zu erwägen ist auch die Anschaffung eines (oder mehrerer) Zusatzterminals zur Information der Beschäftigten, das nach einer Iden-

tifizierung über die Codekarte die Abrufung von Zeitkonten ermöglicht. Geeigneter für diesen Zweck ist manchmal ein zusätzliches Bildschirmgerät.
- Bei der Festlegung der **Aufstellungsorte** der Terminals sollte daran gedacht werden, wie in den einzelnen Tarifverträgen der Arbeitsbeginn definiert ist. Wenn die Arbeitszeit bei Betreten der Arbeitsstelle, d.h. des Werksgeländes beginnt, sind dort auch die Terminals zu installieren.

d) Das **Betriebssystem** sollte eindeutig beschrieben werden (vgl. Literaturhinweis 23).

e) Der Name, die Version und alle verfügbaren Bausteine des eingesetzten **AZEV-Systems** müssen festgehalten werden, möglicherweise in einer eigenen Anlage zur Betriebsvereinbarung.

2.4 Datenbestand

Zur Dokumentation der verwendeten Daten wird ebenfalls eine eigene Anlage sinnvoll sein, und zwar mit folgendem Inhalt:

a) Festschreibung der Buchungssätze einschließlich der auf der Codekarte vorhandenen Personaldaten

Insbesondere ist die Übermittlung der Nummer des verwendeten Buchungsterminals für die Abrechnung nicht notwendig.

b) Abschließende Beschreibung aller geführten Zeitkonten

Die Auswahl der Zeitkonten sollte auf die für die Abrechnung notwendigen Konten beschränkt werden; bei Führung von Fehlzeitenkonten sind die Zwecke in die Anlage aufzunehmen.

c) Abschließende Aufzählung aller gespeicherten Stammdaten pro Person

Die Anlage ist Teil der Betriebsvereinbarung und muß ggf. separat aktualisiert werden.

2.5 Auswertungen/Ausgaben

Die Auswertungsmöglichkeiten sind abschließend, d.h. vollständig zu beschreiben. Freie Abfragesprachen sollten nicht zugelassen werden. Zu jedem Auswertungsprogramm sind folgende Angaben festzuhalten:
- **Name**, Code des Programms.
- **Musterausdruck** oder Liste bzw. Hardcopy der Ergebnismaske. Wird die Aufnahme **sämtlicher** Musterausdrucke und Bildschirmmasken in die Anlage vereinbart, kann der Betriebsrat besser nachvollziehen, wann Programmänderungen (neue Versionen etc.) stattgefunden haben.
- **Auswertungskreis:**
  Welcher Kreis von Beschäftigten wird ausgewertet, welche Selektionsmöglichkeiten gibt es?
- Möglichkeiten des Auswertungsprogramms und **Bedingungen** für den Abrechnungskreis.

– **Anlaß** der Auswertungen (monatlich/automatisch, täglich/automatisch, auf Anforderung etc.).

2.6 Schnittstellen

Alle erlaubten Hardware- und Softwareverknüpfungen sollten festgeschrieben werden. Wenn beispielsweise ausschließlich die Verknüpfung des AZEV-Programms mit dem Lohn- und Gehaltssystem vereinbart wird, ist auch genau festzuhalten,
– welche Daten
– von welchen Beschäftigten
– zu welchem Zeitpunkt

überspielt werden. Eine über diesen Datei- oder Filetransfer hinausgehende Verknüpfung läßt sich dann aus der Zweckbestimmung heraus nicht begründen.

Insbesondere in integrierten Programmen sollte die Doppelverwendung von Dateien und Tabellen vermieden werden, wenn darin Daten vorkommen, die nur für eine Anwendung notwendig sind. Als Ausnahme kommen nur die Stammdaten »Personalnummer« und »Name« in Betracht.

2.7 Organisatorische Regelungen

1. Es sollte geregelt werden, bei welchem Anlaß die Verpflichtung für die Beschäftigten zur Buchung besteht. Zur Vorbereitung der Lohn- und Gehaltsabrechnung ist lediglich
   – eine **Kommen**-Buchung **nach** jeder unbezahlten (in der Regel Arbeitsbeginn) oder anders bezahlten Abwesenheit (z.B. mit Zuschlägen) und
   – eine **Gehen**-Buchung ausschließlich **vor** einer unbezahlten (in der Regel Arbeitsende) oder anders bezahlten Abwesenheit

   erforderlich. Bezahlte Dienstreisen oder Dienstgänge müssen dann nicht gebucht werden, wenn der Zeitpunkt ihres Beginns oder ihres Endes für die Lohnabrechnung nicht relevant ist.

   Sollte sich der Betriebsrat in diesem Fall nicht durchsetzen, ist die Regelung wichtig, daß für alle Beschäftigten im Stammdatenfeld »Dienstgangberechtigung« ein »Ja« eingegeben wird, da für sie ansonsten bezahlte Abwesenheiten unmöglich würden. Das ist in der Regel eine klare Verschlechterung zur früheren Regelung.

2. Für den Verlust der Karte sollte geregelt werden, daß sie unverzüglich und für die Beschäftigten kostenfrei ersetzt wird. Die Beschäftigten führen diese Ausweise ja nicht aus eigenem Interesse, sondern aus Rationalisierungsgründen des Arbeitgebers mit sich.

3. Das Verfahren bei notwendigen Korrekturen oder zusätzlichen, über Formulare ausgeführten Buchungen soll geregelt werden. Sinnvoll ist die Vereinbarung, daß Buchungsänderungen nur mit Kenntnis und Billigung der Betroffenen von der Personalabteilung durchgeführt werden dürfen. Eine Kopie des Änderungsformulars kann ebenfalls als Anlage zur Betriebsvereinbarung beschlossen werden.

Manuelle Änderungen oder Buchungen müssen im Ausdruck besonders gekennzeichnet sein.

4. Automatische Zeitabzüge wie
   - Abzug von Wegezeit (Zeit zwischen Buchungsterminal und Arbeitsplatz),
   - über die Verspätungszeit hinausgehende sogenannte »Strafzeiten« sowie
   - Kürzungen des Saldovortrages beim Überziehen des maximalen Wertes

   sollten nicht zugelassen werden.

5. Bei Meinungsverschiedenheiten oder Unklarheiten über einen Buchungszeitpunkt muß der Arbeitgeber bzw. die Personalabteilung beweispflichtig sein.

6. Der Anschluß der Erfassungsterminals oder der dazugehörigen Controller/Vorverarbeiter/Konzentratoren o.ä. an Alarmsirenen, Drehkreuze, Türen usw. ist explizit auszuschließen.

7. Geregelt werden sollte auch das Festlegen von »Ersatzzeitpunkten«. Viele Systeme setzen bei fehlender Kommen- oder Gehen-Buchung einen als »plausibel« angenommenen Buchungszeitpunkt automatisch ein. Die betroffenen Beschäftigten müssen dann später aktiv werden, um tatsächlich geleistete Arbeitsstunden (z.B. bei Dienstreisen, bei denen sie nicht zum Arbeitsplatz zurückgekehrt sind) im AZEV-System wirksam werden zu lassen. Dieses »seiner Arbeitszeit Hinterherrennen« ist zu vermeiden.

Der Betriebsrat sollte mitbestimmen, welche Beschäftigten über das AZEV-System abgerechnet werden (Abrechnungskreis). Dabei kann als Regel gelten, daß nur solche Beschäftigte einbezogen werden, deren Lohn oder Gehalt auch wirklich zeitabhängig ist. Bei Angestellten mit Festzeit beispielsweise entfällt die Notwendigkeit der Abrechnung über das AZEV-System schon aufgrund der vereinbarten Zweckbestimmung, wenn nicht Überstunden in hohem Maße abzurechnen sind.

2.8 Datenschutzmaßnahmen

Vereinbart werden muß auf jeden Fall eine **Zugriffsberechtigungsregelung** mit den Angaben

- zugriffsberechtigte Person oder Funktion,
- zugelassener Datenbereich (z.B. nur eine bestimmte Abteilung),
- zugelassene Funktionen (z.B. nur Ansehen oder Ändern) und
- zugelassene Datensichtstation.

Die Zugriffsrechte sollten der Zweckbestimmung entsprechen. Wenn Vorbereitung der Lohn- und Gehaltsabrechnung als Zweck genannt ist, besteht für Abfragen des Personalleiters und damit verbundene Zugriffsrechte keine Grundlage.

Auch ein über das BetrVG hinausgehendes **Mitbestimmungsrecht des Betriebsrates** bei der Bestellung des Datenschutzbeauftragten (nach BDSG) kann in der Betriebsvereinbarung festgehalten werden.

Als weitere Datenschutzmaßnahme sollte der bereits erwähnte **verdeckte Druck** bei der Ausgabe der MitarbeiterInnenübersichten vereinbart werden.

Unbedingt erforderlich ist eine **»Zwangsprotokollierung«** aller durchgeführten Auswertungen mit folgenden Eigenschaften:
- Das Protokoll muß auch für NichtinformatikerInnen verständlich sein.
- Die Protokollierung muß zwangsweise erfolgen, d.h. kein Systembetrieb ohne Protokoll.
- Das Protokoll darf nicht durch Eingriffe des/der Systemadministrators/Systemadministratorin oder anderer Personen manipulierbar sein.
- Die Protokollsätze müssen fortlaufend numeriert werden.

Zu bedenken ist, daß auch im Protokoll Verhaltensdaten der SachbearbeiterInnen enthalten sind. Der Zugriff auf die Protokolldatei muß also ebenfalls geschützt werden.

2.9 Regelungen für die zuständigen SachbearbeiterInnen

Betroffen sind alle Beschäftigten, die bisher oder in Zukunft mit der Zeitabrechnung, Führung von Statistiken usw. befaßt sind. Darunter fallen auch MeisterInnen, WerkstattschreiberInnen und in der überwiegenden Zahl der Fälle Beschäftigte in der Personalabteilung. Für diese sind Regelungen zu treffen bezüglich

1. Rationalisierungsschutz
2. Qualifizierung
3. Ergonomie
4. Arbeitsorganisation

Von vornherein sollte abgeschätzt werden, wieviel Arbeitsaufwand durch die Korrekturen von Fehlbuchungen, logischen Fehlern etc. täglich anfallen wird und wie viele Handbuchungen durch »Menschen« geleistet werden müssen. In der Regel erfolgen solche Eingaben nach Fehlerlisten des AZEV-Programms oder nach ausgefüllten Formularen. Sie sind somit rein ausführend und können möglicherweise die Beschäftigten der Lohn- und Gehaltsabteilung oder der Personalabteilung stark unterfordern.

Folgende Tätigkeiten lassen sich – auch als Gegenmaßnahme zu der beschriebenen Unterforderung – zu einem ganzheitlichen Arbeitsbereich »Arbeitszeitverwaltung« zusammenfassen:
- Beratung einschließlich Erläuterungen für die betroffenen KollegInnen: Oftmals ist – insbesondere in der Einführungsphase – bei den betroffenen Beschäftigten ein großer Erklärungsbedarf vorhanden, »wie diese Zahlen zustande gekommen sind«. Qualifizierte Ansprechpersonen sind daher sowohl den Beschäftigten nützlich, bieten jedoch auch kommunikative Arbeitsinhalte. Die Beratung der Beschäftigten erfordert ein hohes Maß an »Durchblick« durch das System.
- Die Trennung von Bedienung (z.B. manuelle Eingabe von Buchungen) und Parametrierung (z.B. Festlegung der Arbeitszeitmodelle) ist durchaus vermeidbar: Inzwischen sind die Parametrierungen kein Anlaß mehr, EDV-Spezialisten hinzuzuziehen, sondern diese Tätigkeit erfordert in erster Linie das Wissen um die Arbeitszeitregelungen; natürlich muß auch die Qualifikation vorhanden sein, diese

Regelungen auf dem Computer abzubilden. Dieses geschieht jedoch inzwischen häufig menügesteuert und in Eingabemasken.

2.10 Rechte der betroffenen Beschäftigten

Durch die Vereinbarung und die technische Auslegung des Systems soll sichergestellt werden, daß die Beschäftigten umfassend, vollständig und möglichst aktuell den Stand der über sie gespeicherten Daten kennen.

1. Die aktuellste und vollständigste Art zur Dokumentation der Buchungszeitpunkte und -arten erfolgt mittels der beschriebenen druckenden Terminals. Sollte der Betriebsrat gänzlich oder für einzelne Beschäftigungsgruppen (z.B. Angestelltenbereich) auf druckende Terminals verzichten, ist der Ausdruck aller Buchungsdaten in übersichtlicher Form zweimal im Monat oder am Monatsbeginn für den vergangenen Monat unbedingt erforderlich. Dies gibt den Beschäftigten die Möglichkeit, die für sie errechneten Ergebnisse nachzuvollziehen.
2. Auf dieser Abrechnung sollen in jedem Fall – auch bei druckenden Terminals – alle Zeitkonten des/der Beschäftigten aufgeführt sein. Wie bei der Lohn- und Gehaltsabrechnung hat die Auswertung als verdeckter Druck zu erfolgen.
3. In die monatlichen oder zweiwöchigen Abrechnungen sind auch alle gespeicherten Stammdaten aufzunehmen.
4. Zu erwägen ist die Anschaffung eines »Abfrageterminals«:
Nach Identifizierung mit der maschinenlesbaren Karte besteht an solchen Terminals die Möglichkeit, einzelne oder alle geführten Zeitkonten aktuell abzurufen. Die Abfrage selbst darf nicht gespeichert werden.
5. Bei Einführung des Systems und nach jeder Änderung sind die Arbeitszeit-, Wochen- und Schichtenmodelle den einzelnen Beschäftigten übersichtlich zu erläutern. Ebenso müssen die Auswertungsmöglichkeiten und -geräte einschließlich der Bedienung verständlich erklärt und ggf. demonstriert werden.

2.11 Rechte des Betriebsrates

In diesem Abschnitt der Vereinbarung wird geregelt, welche konkreten Möglichkeiten der Betriebsrat zur Kontrolle der Einhaltung der Betriebsvereinbarung hat, welche Auswertungen, Übersichten etc. ihm selbst zur Einsicht zur Verfügung stehen bzw. ausgehändigt werden und welche Schritte vor Änderung oder Erweiterung des Systems durchlaufen werden müssen.

1. Kontrollrechte

Hier wird festgelegt, welche Möglichkeiten und Rechte der Betriebsrat hat, um die Einhaltung der Vereinbarung zu überprüfen. Dabei kommen folgende Maßnahmen in Frage:

– Der Betriebsrat sollte das Recht erhalten, von der Geschäftsleitung benannte Personen zum AZEV-System zu befragen. Diese müssen **verpflichtet** werden, dem Betriebsrat möglichst jederzeit Auskunft zu geben.

- Protokolle jeglicher Art stehen dem Betriebsrat entweder jederzeit zur Einsicht zur Verfügung, oder es wird ihm eine Kopie bzw. das Original überlassen.
- Es wird vereinbart, daß der Betriebsrat zur Kontrolle der Einhaltung der Vereinbarung einen Sachverständigen gemäß § 80 Abs. 3 BetrVG hinzuziehen kann.
- Zu prüfen ist, ob der Betriebsrat von allen Auswertungen eine Kopie erhält oder sie jederzeit einsehen kann.
- Ein Zugangsrecht zum AZEV-System ist auch dann sinnvoll, wenn der Betriebsrat nicht über die dazu notwendigen EDV-Qualifikationen verfügt. Es ist nämlich auch für einen Gewerkschaftsbeauftragten gemäß § 2 BetrVG von Bedeutung. Das Zugangsrecht kann auch nicht durch einen pauschalen Hinweis auf den Schutz von Personaldaten verwehrt werden.

2. Auswertungen für den Betriebsrat

Der Betriebsrat kann durch eine Betriebsvereinbarung auch eigene Auswertungen – beispielsweise zu Überstunden – zur Verfügung gestellt bekommen. Diese müssen natürlich in der entsprechenden Anlage genannt werden.

Dies ist bei der Zweckbestimmung zu berücksichtigen. Bedacht werden muß jedoch, daß durch derartige Auswertungen u.U. die Speicherung zusätzlicher oder genauerer Daten für jede Person erforderlich sein könnte, die sich dann natürlich auch im Sinne des Arbeitgebers auswerten lassen.

3. Änderungen des AZEV-Systems

In diesem Abschnitt wird geregelt, welche Schritte zu durchlaufen sind, bevor das AZEV-System in der vereinbarten Form abgeändert werden kann:

- Welche Veränderungen unterliegen der Mitbestimmung des Betriebsrates bzw. wann muß er in welcher Form informiert werden?
  Dies kann durch ein Formular geschehen, dessen Abzeichnung Voraussetzung für die Änderung des Systems ist. Insbesondere sind natürlich die Anlagen zur Betriebsvereinbarung unter Wahrung der Mitbestimmung zu ändern, **bevor** das System selbst geändert wird.
- Zu überlegen ist auch, ob vereinbart wird, daß die Anlagen zur Betriebsvereinbarung getrennt von der Vereinbarung selbst gekündigt werden können (siehe auch Abschnitt 2.12).
- Zu regeln ist auch ein Verfahren zur Beilegung von Meinungsverschiedenheiten zwischen Arbeitgeber und Betriebsrat. Die Arbeitgeberseite hat in der Regel das Interesse, möglichst schnell und aufwandsarm eine Entscheidung herbeizuführen. Standardmäßig tritt die Einigungsstelle nach § 76 BetrVG zusammen.

2.12 Inkrafttreten, Kündigung

Betriebsvereinbarungen zu AZEV-Systemen bilden hinsichtlich der Nachwirkung keine Ausnahme:

1. Vereinbarungen sollten selbstverständlich mit Nachwirkung abgeschlossen werden.
2. Eine gesonderte Kündbarkeit der Anlagen, ebenfalls mit Nachwirkung, ist zu prüfen.

Die wichtigen, in den vorangehenden Lehreinheiten kaum behandelten Regelungsinhalte 2.7 und 2.11 können von den SeminarteilnehmerInnen an Hand der Aufgabenstellungen in den **Arbeitsblättern 4601** und **4602** in Gruppen – je nach Zeitbudget parallel oder hintereinander – bearbeitet und im Plenum vorgestellt werden. Lösungsansätze sind in den entsprechenden Abschnitten 2.7 und 2.11 beschrieben.

Die übrigen Regelungspunkte, insbesondere die Rechte des Betriebsrates und der Betroffenen, sollten abschließend je nach Diskussionsbedarf der Teilnehmergruppen behandelt werden. In der Regel bleibt für allgemeine Themen, wie Qualifizierungsmaßnahmen und Bildschirmarbeit, insbesondere bei einem zweitägigen Seminar, wenig Zeit.

In dieser Lehreinheit ist die Behandlung der offenen Fragen ganz besonders wichtig (vgl. »Offene-Fragen-Register«).

3. Seminarkritik

Für die Seminarkritik wird folgendes vorgeschlagen:

Erster Schritt: TeilnehmerInnenrückmeldung auf dem ausgeteilten **Arbeitsblatt 4603**, das der/die ReferentIn nach ca. 5 Minuten wieder einsammelt oder das als Wandzeitung von den TeilnehmerInnen mit Klebepunkten (je ein Punkt pro Bewertungszeile) versehen wird.

Zweiter Schritt: Mündliche Seminarkritik.

Die TeilnehmerInnen werden gebeten, reihum kurz eine Gesamteinschätzung zum Seminar zu äußern. Auch der/die ReferentIn nimmt abschließend Stellung. Eventuell erläutert er/sie auch Probleme, die in der Kritik genannt wurden.

Arbeitstransparente

4601 Regelungsebenen bei AZEV
4602 Vorschlag für Betriebsvereinbarungen zu AZEV

Regelungsebenen bei AZEV

- Einschränkung des Einsatz-Zweckes
- Organisatorische Regelungen
- Begrenzung der Vernetzung
- Einschränkung der Personalstammdaten und -Zeitkonten
- Begrenzung der Auswertung
- Kontrolle der Einhaltung von BV

© TBS

Vorschlag für Betriebsvereinbarungen zu AZEV

1	Zweckbestimmung
2	Geltungsbereiche
3	Hardware
4	Datenbestand
5	Auswertung / Ausgaben
6	Schnittstellen
7	Organisatorische Regelungen
8	Datenschutzmaßnahmen
9	Regelungen für Sachbearbeiterinnen
10	Rechte des einzelnen Arbeitnehmers
11	Rechte des Betriebsrates
12	Inkrafttreten, Kündigung

Arbeitsblätter

4601	Festschreibung und Änderungsverfahren in einer AZEV-Betriebsvereinbarung
4602	Organisatorische Regelungen in einer AZEV-Betriebsvereinbarung
4603	TeilnehmerInnen-Rückmeldung

Technologieberatungsstelle beim DGB Landesbezirk NRW Computertechnik für Arbeitnehmervertreter

Festschreibung und Änderungsverfahren in einer AZEV-Betriebsvereinbarung

TeilnehmerInnen-Übung

Situation:

1. Betriebsrat und Geschäftsleitung haben sich darauf verständigt, das anzuschaffende AZEV-System nur zu Abrechnungszwecken zu verwenden:

    § 1 Das AZEV-System .... dient ausschließlich dem Zweck der Vorbereitung der Zeitdaten für die Lohn- und Gehaltsabrechnung sowie der vereinbarten Dokumentation der Zeitdaten und Zeitkontenstände für die Beschäftigten"

2. Es herrscht Einverständnis darüber, daß die technischen Möglichkeiten des AZEV-Systems dem vereinbarten Zweck entsprechend müssen.

3. Als Basissoftware wird IPEV verwendet.

Aufgabe:

1. Sucht aus euren Systemunterlagen diejenigen zusammen, die als Teil der Betriebsvereinbarung aufgenommen werden sollen.

2. Welches Verfahren für Änderungen des AZEV-Systems nach Abschluß der Betriebsvereinbarung (beispielsweise eine von der Personalabteilung gewünschte neue Auswertung) haltet ihr für sinnvoll?

Zeitbedarf: ca. 30 Minuten.

TBS
Technologieberatungsstelle beim DGB Landesbezirk NRW

Arbeitsblatt 4602
Computertechnik für Arbeitnehmervertreter

Organisatorische Regelungen in einer AZEV-Betriebsvereinbarung

TeilnehmerInnen-Übung

Situation:

1. Betriebsrat und Geschäftsleitung haben sich darauf verständigt, das AZEV-System ausschließlich zur Vorbereitung der Lohn- und Gehaltsabrechnung einzusetzen.

2. Es gibt bereits ein funktionsfähiges Personalinformationssystem (PIS) zur Lohn- und Gehaltsabrechnung, in dem bislang auch schon Mehrarbeitsstunden und Abwesenheiten monatlich als Summenwert erfaßt und verarbeitet werden.

3. Neben den SchichtarbeitnehmerInnen gibt es im Angestelltenbereich
   - Festzeit (i.d.R. 8.00 bis 16.30 Uhr)
   - Teilzeit (i.d.R. 8.00 bis 12.00 Uhr) oder
   - Gleitzeit

4. In der EDV-Abteilung haben nur die dort Beschäftigten Zutritt (5 Personen).

5. VertriebsmitabeiterInnen sind oftmals außer Haus tätig.

Aufgabe:

1. Welche Beschäftigten sollen in Zukunft zu Buchungen am System verpflichtet werden?

2. Bei welchen Gelegenheiten soll gebucht werden?

   - Arbeitsanfang
   - Gang in die Kantine
   - Pause
   - Dienstgang/Dienstreise
   - Betriebsversammlung
   - Arztgang
   - Kostenstellenwechsel
   - Betreten der EDV-Abteilung
   - Verlassen des EDV-Bereichs
   - Arbeitsende

Zeitbedarf: ca. 25 Minuten.

TBS
Technologieberatungsstelle beim DGB Landesbezirk NRW

Arbeitsblatt 4603
Computertechnik für Arbeitnehmervertreter

TeilnehmerInnen-Rückmeldung

Dauer des Seminars   zu kurz   zu lang

Seminarinhalte   nützlich   weniger nützlich

1. Rahmenbedingungen
2. Aufbau und Funktionsweise
3. Nutzungsmöglichkeiten/Risiken
4. BR-Forderungen
5. Handlungsmöglichkeiten
6. Regelungsbereiche

Seminarbewertung   geeignet   ungeeignet

1. Teilnehmerunterlagen
2. Gruppenübungen
3. EDV-Demonstrationen
   Gesamt

© TBS

Kommentierte Literatur- und Videoliste

Lfd. Nr.: Herausgeber	Titel und Kommentar
01 Hans-Böckler-Stiftung	**Zeiterfassung und Zugangskontrolle, Graue Reihe, Neue Folge 8, 1989** In dieser Broschüre wird ein ähnlicher Stoff wie im Curriculum vermittelt. Der Schwerpunkt liegt auf den Handlungsmöglichkeiten des Betriebsrates. Die Broschüre ist gegen eine Schutzgebühr bei der HBS in Düsseldorf beziehbar.
02 IG Metall	**EDV-gestützte Zeiterfassungssysteme – Möglichkeiten der Beschränkung, Aktionsmappe, Juni 1987** Diese Broschüre behandelt ähnliche Inhalte wie dieses Seminar. Als Anlage enthält sie eine Liste mit Vereinbarungspunkten und Regelungsinhalten. Die Broschüre ist gegen eine Schutzgebühr bei der IG Metall in Frankfurt a.M. beziehbar.
03 TBS beim DGB, Berlin	**Pünktlich... im Computer – Gestaltung und Regelung von Zeiterfassungssystemen, Blaue Broschüre Nr. 3, Dezember 1990** Diese Broschüre soll Betriebs- und Personalräten eine Einführung in die Funktionsweise, Problematik, Gestaltungs- und Handlungsmöglichkeiten geben. Sie ist gegen eine Schutzgebühr bei der TBS in Berlin erhältlich.
04 Hans- H. Wohlgemuth	**Datenschutz für Arbeitnehmer – eine systematische Darstellung, zweite Auflage, Neuwied 1988** In diesem Grundlagenwerk behandelt der Autor in allgemeinverständlicher Form die für den Arbeitnehmerdatenschutz bedeutsamen Rechtsvorschriften und

Lfd. Nr.: Herausgeber	Titel und Kommentar
	ihre Anwendung in der betrieblichen Praxis. Der Schwerpunkt liegt im nichtöffentlichen, also privaten Bereich mit dem Bundesdatenschutzgesetz und dem Betriebsverfassungsgesetz im Mittelpunkt. Die Systematik der Darstellung folgt den Phasen der Personaldatenverarbeitung: Datenerhebung, Speicherung, Übermittlung, Veränderung und Löschung; sodann folgen Ausführungen zu weiteren Rechtsfragen außerhalb des BDSG, insbesondere zu den Rechten der Betroffenen und den Handlungsmöglichkeiten von Betriebs- und Personalräten. Im Anhang ist eine Auswahl von abgeschlossenen Betriebs- und Dienstvereinbarungen dokumentiert.
05 EDV-Studio Ploentzke	**Studie Zeiterfassung, Zeitverarbeitung – eine detaillierte Untersuchung von Zeiterfassungs- und Zeitverarbeitungs-Systemen, März 1987** In der Studie werden 17 gängige AZEV-Systeme hinsichtlich ihrer technischen Leistungsfähigkeit in einem detaillierten Kriterienkatalog beschrieben. Die Studie kann bei der Firma Ploentzke in Wiesbaden bezogen oder in der TBS beim DGB-Landesbezirk NRW in Oberhausen eingesehen werden.
06 NOMINA, Gesellschaft für Wirtschafts- und Verwaltungsregister mbH	**ISIS Personalcomputer-Report, Band 1**, wird halbjährlich aktualisiert Dieser Band enthält u.a. Kurzbeschreibungen der Leistungsfähigkeit und Anwendungsbereiche verschiedener AZEV-Programmpakete für PCs. Er kann bei NOMINA in München bezogen oder in der TBS beim DGB-Landesbezirk NRW in Oberhausen eingesehen werden.

Lfd. Nr.: Herausgeber	Titel und Kommentar
07 NOMINA, Gesellschaft für Wirtschafts- und Verwaltungsregister mbH	**ISIS Software-Report**, wird halbjährlich aktualisiert. In diesem Band werden 55 aktuelle AZEV-Systeme, die auf größeren Computern ablauffähig sind, in ihrer Leistungsfähigkeit und in ihren Einsatzbereichen kurz beschrieben. Er kann ebenfalls bei NOMINA in München bezogen oder in der TBS beim DGB-Landesbezirk NRW in Oberhausen eingesehen werden.
08 IG Chemie, Papier, Keramik	**Betriebsverfassungsrechtliche Regelungsmöglichkeiten von elektronischen Systemen der Betriebsdatenverarbeitung, Reihe Mitbestimmungspraxis – Handlungshilfen für Betriebsräte, Band 2, Juli 1988** Schwerpunkt der Broschüre ist die Betriebsdatenerfassung, insbesondere im Produktionsbereich. Es werden jedoch auch Systeme der Zeiterfassung und Zugangskontrolle behandelt.
09 Rationalisierungskuratorium der Deutschen Wirtschaft (RKW)	**RKW-Handbuch »Personalplanung«, Verlag Luchterhand, 1990** Aus dem Vorwort: Das Handbuch »Praxis der Personalplanung« soll dem Praktiker in kleinen und mittleren Unternehmen – Unternehmer, Personalleiter, Personalsachbearbeiter und **Betriebsrat** – eine Hilfe für die tägliche Arbeit sein. Es besteht aus den Teilen: Aufgaben der Personalplanung, Planung des Personalbedarfs, Personalbeschaffung, Personalabbau, Personalentwicklung, Personaleinsatz, Personalkosten, Stelle und Stellenplan, Personalstatistik und Personalplanung sowie Betriebsverfassung. Das Handbuch entstand aus mehrjähriger Arbeit eines Kreises von Vertretern der Arbeitgeber, der Gewerkschaften, der Wissenschaft sowie anderer sachkundiger Autoren.

Lfd. Nr.: Herausgeber	Titel und Kommentar
10 Rudolf Buschmann/Jürgen Ulber	**Flexibilisierung: Arbeitszeit, Beschäftigung (Basiskommentar), erschienen im Bund-Verlag, 1989** Aus dem Vorwort: In der Praxis besteht ein erhebliches Bedürfnis nach Informationen über die konkreten, und das heißt immer auch die rechtlichen Auswirkungen der hier zusammengefaßten Arbeitszeit- und Arbeitsrechtsformen. Noch wichtiger sind praktische Handlungsschritte, um den drohenden oder eingetretenen Schaden zu begrenzen, zu beseitigen und ggf. umgekehrt Flexibilisierung im Arbeitnehmerinteresse, z.B. in Richtung auf eine »Zeitsouveränität« durchzusetzen. Das Buch beschreibt systematisch Arbeitszeitformen und -verhältnisse in den Kapiteln – A. Einleitung: Normalarbeitsverhältnis, Deregulierung, Kollektivvertrag und Mitbestimmung, – B. Beschäftigungspolitische Flexibilisierung, – C. Arbeitszeit-Flexibilisierung (incl. Gleitzeit).
11 Lothar Zimmermann	**Durchblick – Das Lexikon der Datenverarbeitung für Arbeitnehmer (Bund-Verlag), 1985** Alphabetisch werden die wichtigsten EDV-Begriffe verständlich erklärt.
12 TBS beim DGB-Landesbezirk NRW	**Grundwissen zur Technikgestaltung – Computertechnik für Arbeitnehmervertreter, Band 1 (Text- und Materialband), Bund-Verlag 1990**
13 TBS beim DGB-Landesbezirk NRW	**Personaldatenverarbeitung und Arbeitnehmerrechte – Computertechnik für Arbeitnehmervertreter, Band 2, Bund-Verlag 1990**

Lfd. Nr.: Herausgeber	Titel und Kommentar
14 TBS beim DGB-Landesbezirk NRW	**Integration und Vernetzung – Computertechnik für Arbeitnehmervertreter, Band 3, Bund-Verlag 1990**
15 TBS beim DGB-Landesbezirk NRW	**Zusammenstellung des Informationsbedarfs für Betriebsräte zu AZEV-Systemen; internes Manuskript (*)**
16 TBS beim DGB-Landesbezirk NRW	**Pflichtenheft für Betriebsräte: Anforderungen aus Arbeitnehmersicht an AZEV-Systeme; Regelungsbereiche für eine Betriebsvereinbarung zu AZEV-Systemen; internes Manuskript (*)**
17 Arbeitsgericht Oberhausen	**Einstweilige Verfügung auf Einstellung aller AZEV-Einführungsschritte (Aktenzeichen: 3 BV Ga 11/87); kann auf Anforderung in Kopie zugesandt werden (*)**
18 TBS beim DGB-Landesbezirk NRW	**Marktstudie Arbeitszeiterfassungs- und -verarbeitungssysteme (AZEV), März 1988 (*)** Die TBS hat sechs verschiedene AZEV-Systeme hinsichtlich ihrer technischen Leistungsfähigkeit (Auswertungsmöglichkeiten, Personaldaten, zugehörige Hardware etc.) sowie ihrer Einsatzmöglichkeiten und Datenschutzvorkehrungen auswerten lassen, und zwar – Benzing: BEDATOP mit BDE-Terminalserie 900 – Hengstler: IPEV – Nixdorf: Time II – MBB Bessi, ZEK, ZET – Telenorma Tenocard, Tenobit 2205, 2211, 2220, Tenodat 8000, 9025 – ZI. Prince und Regent

Lfd. Nr.: Herausgeber	Titel und Kommentar
19 TBS beim DGB-Landesbezirk NRW	**Technik und Gesellschaft – Heft 10: Vernetzung und Integration von EDV-Systemen. Auswirkungen auf Beschäftigte – Handlungsmöglichkeiten für Betriebs- und Personalräte (*)**
20 Fitting, Auffarth, Kaiser, Heither	**Betriebsverfassungsgesetz (mit Wahlordnung), Handkommentar, 16. Auflage, München 1990**
21 Sozialdemokratische Partei Deutschlands (Hsg.)	**Flexible Arbeitszeit – welche Zukunft wollen wir?** In diesem Film (VHS) werden verschiedene Positionen zur Flexibilisierung der Arbeitszeit vorgestellt, insbesondere aus Sicht der Personalabteilungen. Zum Thema Einsatz von computergestützten Arbeitszeiterfassungs- und -verarbeitungssystemen sind ca. 1 1/2 Minuten nützlich (1: 17–3: 08)
22 Fa. Hengstler	**Dokumentation des Systems IPEV, Version 4.0 (Integrierte Personaldaten-Erfassung und -verarbeitung)**
23 TBS beim DGB-Landesbezirk NRW	**Betriebssysteme. Mitbestimmung, Datenschutz und Kontrollierbarkeit. Heft 8 der Reihe: Informationen zur Technologieberatung. Oberhausen 1991 (*)**

Bei Versendung der mit (*) gekennzeichneten Publikationen muß die TBS eine Schutzgebühr erheben.

Positionspapiere und Tarifverträge der DGB-Mitgliedsgewerkschaften zum Thema »Flexible Arbeitszeit«

DGB-Positionen zur flexiblen Arbeitszeit 8–3

Zwischen Mai 1991 und Januar 1992 haben wir die Vorstände und Hauptvorstände aller DGB-Mitgliedsgewerkschaften danach befragt, welche Positionspapiere und Tarifverträge zum Thema Arbeitszeit bei ihnen vorliegen und wie interessierte Betriebsräte und ReferentInnen sie beziehen können. Als Ergebnis dieser Nachfrage führen wir im folgenden Dokumente und Bezugsquellen in alphabetischer Reihenfolge auf (Stand 3. 1. 1992). Sie sind auch bei der TBS einsehbar.

1. IG Bau-Steine-Erden (IGBSE)
2. IG Bergbau und Energie (IGBE)
3. IG Chemie-Papier-Keramik (IGCPK)
4. Gewerkschaft der Eisenbahner Deutschlands (GdED)
5. Gewerkschaft Erziehung und Wissenschaft (GEW)
6. Gewerkschaft Gartenbau, Land- und Forstwirtschaft (GGLF)
7. Gewerkschaft Handel-Banken-Versicherungen (HBV)
8. Gewerkschaft Holz und Kunststoff (GHK)
9. Gewerkschaft Leder
10. IG Medien
11. IG Metall (IGM)
12. Gewerkschaft Nahrung-Genuss-Gaststätten (NGG)
13. Gewerkschaft öffentliche Dienste, Transport und Verkehr (ÖTV)
14. Gewerkschaft der Polizei (GdP)
15. Deutsche Postgewerkschaft (DPG)
16. Gewerkschaft Textil-Bekleidung (GTB)
17. Deutscher Gewerkschaftsbund (DGB)

Gewerkschaft	Anmerkungen
IG BSE	Rahmenregelungen für die Arbeitszeit enthalten der – Rahmentarifvertrag für die technischen und kaufmännischen Angestellten des Baugewerbes (§ 3) sowie der – Rahmentarifvertrag für die Poliere des Baugewerbes (§ 4). Eine Kommentierung sowie Gestaltungshinweise für Betriebsvereinbarungen ergeben sich aus der BSE-inform, Entscheidungshilfen für den Betriebsrat Nr. 1/1989.
IGBE	Die IG Bergbau und Energie stimmt mit dem Arbeitspapier des DGB »Tarifpolitische Notwendigkeiten der sozialen Gestaltung des Wandels der Technik und der Arbeitsorganisation« (Oktober 1986) überein und hat es in ihrem Organisationsbereich bekanntgemacht. Zentrale Regelungen im Manteltarifvertrag existieren nicht, jedoch sind Öffnungsklauseln in die Manteltarifverträge von Steinkohle, Kali, Gas-, Wasser- und Energieversorgung u.a. aufgenommen worden.
IG CPK	(liegt nicht vor)

GdED Der Hauptpersonalrat hat mit dem Vorstand der Deutschen Bundesbahn eine Dienstvereinbarung mit Wirkung vom 1. Februar 1992 abgeschlossen. Thema ist die »Versuchsweise Einführung der gleitenden Arbeitszeit in der Zentrale der DB in Frankfurt/Main sowie in den Dienststellen Bundesbahndirektionen Essen, Hamburg, Hannover, Köln, München und Stuttgart«. Darin wird auch die Erfassung durch ein zukünftig geplantes AZEV-System sowie ein bereits teilweise vorhandenes Zugangskontrollsystem geregelt

GEW (liegt nicht vor)

GGLF (liegt nicht vor)

HBV Beim Hauptvorstand in Düsseldorf sind folgende Positionspapiere erhältlich:
- Arbeitshilfe »Teilzeitarbeit«;
- Handlungshilfe zur Arbeitszeitgestaltung im Bank- und Bausparkassengewerbe;
- Artikel »Arbeitszeit im Einzelhandel – humane Gestaltung oder Flexibilisierung?« (WSI-Mitteilungen 5/1986);
- »Arbeitszeitgestaltung im privaten Dienstleistungssektor – die Zukunft hat bereits begonnen« (November 1990).

GHK Die Gewerkschaft Holz und Kunststoff hat anläßlich des 13. ordentlichen Gewerkschaftstages (1989) beschlossen, daß ein Tarifvertrag zur betrieblichen Regelung der zeitlichen Lage der Arbeit im Interesse der Beschäftigten gefordert werden soll (Antrag E 1). Außerdem wurde von der GHK eine Fachkonferenz »Probleme der Flexibilisierung der Arbeitszeit – gewerkschaftliche Antworten auf eine unternehmerische Herausforderung« durchgeführt (13./14. 12. 1984 in Düsseldorf). Das Protokoll ist in begrenzter Anzahl beim GHK-Hauptvorstand in Düsseldorf vorrätig.

Gewerkschaft Leder Bei der Hauptverwaltung in Stuttgart sind in der Abteilung Tarif folgende Broschüren erhältlich:
- Arbeitszeitverkürzung Schuhindustrie – Erläuterungen und Handlungsanleitungen (Januar 1990);
- Arbeitszeitverkürzung Lederwarenindustrie – Erläuterungen und Handlungsanleitungen (Januar 1990).

IG Medien Der Manteltarifvertrag Papierverarbeitende Industrie (1991) enthält Regelungen zur Flexibilisierung der Arbeitszeit und insbesondere zur »Zeitsouveränität«:
- Arbeitszeitregelung in Anlage 1, § 2 einschließlich Protokollnotiz,
- Teilzeiterziehungsurlaub in Anlage 2, § 2a.

Tarifliche Gleitzeitvereinbarungen gibt es im Bereich der IG Medien nicht.

IGM Bei der Vorstandsverwaltung in Frankfurt/Main sind erhältlich:
- Positionspapier der IG Metall zu »Arbeitszeitflexibilisierung und Arbeitnehmerinteressen«, Materialien zur Arbeitszeitdiskussion 2/86;
- »Sicherung der Kapitalverwertung durch Arbeitszeitflexibilisierung?« von Michael Schlecht in »Die neue Gesellschaft, Frankfurter Hefte« 35. Jahrgang, Heft 1/1988.

NGG Formulierungen zur Arbeitszeitflexibilisierung sind nur im Manteltarifvertrag »Süßwarenindustrie« enthalten.

ÖTV Im Bereich der ÖTV gibt es in den Manteltarifverträgen noch keine Rahmenvereinbarungen zur Gleitzeit, jedoch wird über die Aufnahme in entsprechende rahmentarifvertragliche Regelungen diskutiert.

Einige generelle Regelungen zur Arbeitszeit wurden in den MTV für die Patienten »Heimversorgung Gemeinnützige Stiftung (PHV)« aufgenommen (§ 11).

GdP Die Gewerkschaft der Polizei hat keine eigenen Tarifverträge zu den Themen Gleitzeit und flexible Arbeitszeit abgeschlossen. Sie verweist auf inhaltsgleiche Tarifverträge wie die der ÖTV.

DPG Im Bereich der Bundespost sind noch keine Dienstvereinbarungen zu Gleitzeitregelungen abgeschlossen worden. Es liegen folgende Diskussionspapiere vor:
- Diskussionspapier »Gleitende Arbeitszeit« der Abteilung Beamte der DPG (Januar 1990);
- Arbeitsentwurf »Rahmenrichtlinien Gleitende Arbeitszeit« der Generaldirektion der Deutsche Bundespost Telekom (Juli 1991).

GTB Anläßlich des 16. ordentlichen Gewerkschaftstages (Nov. 1990) wurden Hauptvorstand, Beirat und alle Bezirks- und Bundestarifkommissionen sowie die Abteilung Tarif aufgefordert, tarifliche Rahmenregelungen zur Gleitzeit zu schaffen. Für die nordrheinische Bekleidungsindustrie wurde dies bereits durchgeführt.

Gewerkschaftstagbeschlüsse und der o.a. Tarifvertrag sind in den Informationen für Vertrauensleute der GTB, Februar 1991, Nr. 1, abgedruckt.

Generelle Regelungen zur Flexibilisierung der Arbeitszeit enthält auch der Manteltarifvertrag für die gewerblichen Arbeitnehmer der Bekleidungsindustrie im Bundesgebiet (letztmals geändert im Juli 1988), und zwar im § 5.4.

Grundlagen zur betrieblichen Arbeitszeitgestaltung sind auch in der »tariflichen Rahmenregelung über die Optimierung der Maschinenlaufzeiten« enthalten (September 1988). Die Gewerkschaft Textil-Bekleidung hat zu dieser Rahmenregelung einen Kommentar herausgegeben.

Alle drei Dokumente können durch Betriebsräte von den jeweiligen Verwaltungsstellen der GTB bezogen werden.

DGB
Im Oktober 1986 hat der tarifpolitische Ausschuß des DGB ein Arbeitspapier »Tarifpolitische Notwendigkeiten der sozialen Gestaltung des Wandels der Technik und der Arbeitsorganisation« verabschiedet.

Auch anläßlich des 14. ordentlichen Bundeskongresses vom 20. bis 26. Mai 1990 in Hamburg wurde eine Entschließung »Verläßliche Arbeitszeiten und arbeitsrechtlicher Schutz – Abwehr von Flexibilisierungs- und Deregulierungsbestrebungen« angenommen.

Stichwortverzeichnis

Stichwortverzeichnis

Arbeitszeiterfassung 1.2
Arbeitszeitmodell 2.2.2, A 4203
Arbeitszeitflexibilisierung 4.1, 8
Arbeitszeitkonten 2.2.2, 4.2.1e, 6.2.4
Auswertungsmöglichkeiten 2.3.2, 4.2.1d, 6.2.5
Auswirkungen der AZEV-Einführung 1.2
AZEV: Arbeitszeiterfassung und -verarbeitung 1.2

Bandlaufwerk 2.1.1
Barcode 2.2.1
BDE: Betriebsdatenerfassung 1.5.3
Beteiligungshindernisse 5.1
Betriebssysteme 6.2.3d
Betriebsvereinbarung AZEV 6.1
Buchungen 2.2.1
Buchungssatz 2.2.1, 4.2.1b
Buchungsterminal 2.1.1, 6.2.3 c, F 4201

Chancen/Risiken 3.3.1, 4.1
Codekarten 2.2.1, 2.4.1

Daten, Datenfluß 2.2, A 4205, 6.2.4
Datenbank 2.5.1
Datensammler, Konzentrator 2.4.2
Datenschutzgesetze 5.4.1
Datenschutz, -maßnahmen 4.2.5, 6.2.8
Diskettenlaufwerk 2.1.1
Dokumentation für AZEV-Betroffene 4.2.2
Druckende Terminals 2.1.1, A 4202, 4.2.2

Einigungsstelle 5.3.3
Einstweilige Verfügung 5.3.3
Entgeltrechnung 1.3
Erfassungsterminals: s. Buchungsterminals
Ersatzzeitpunkt 3.3.3, 4.2.3b

Fehlzeiten, Fehlzeitenarten A 4102, 2.2.2
Fehlzeitenanalyse 3.2.2

Festplattenspeicher 2.1.1
Filetransfer 2.5.1, 6.2.6
Freie Abfragesprachen, Query 3.1.2, A 4313
Freischichtenplanung 3.3.4a

Geräteaufstellungsplan 2.1.3, A 4204
Gleitzeit 1, 8

Handlungsschritte 5.4
Hardware 2.1, 6.2.3
Host(-Rechner) 2.4.4

Identifikationsdaten 2.10
Informationsbeschaffung für den Betriebsrat 3.4, 5.2
Integration 1.5.1, A 4207
Investitionsrechnung 1.3.3a, A 4401, A 4103

Kantinendatenerfassungs-System 5.1
Kernzeitverletzung 3.1
Komponenten des AZEV-Systems 2.1.1
Konfiguration, Konfigurationsplan 2.1.2, A 4203

Lampen-Tableau 3.1.1
Listen 3.1.1, 4.2.1d

Menü, Menü-Baum 2.3.1, A 4208
Mitarbeiterprotokoll 2.3.2, 3.1.1, A 4306
Mitbestimmungsrechte 5.3.3
Module des AZEV-Systems 2.3.1, A 4207

Negativ-Aufschreibung 1.2

PC: Personalcomputer 2.4.3
Personalabteilung, Aufgaben und Ziele 1.3
Personaleinsatzplanung 3.3.5 c, A 4315
Personalplanung 1.3, 3.3.4
Personalstammdaten 2.2.1, 4.2.1a
Personalverwaltung 1.3

Pflichtenheft 5.3.2
PIS: Personalinformations-System 1.5.2
PPS: Produktionsplanungs- und Steuerungs-System 1.5.4
Programme 2.3
Projektphasen 5.3
Protokollierung 4.2.4, A4405, 6.2.8

Query (-Language):
   siehe ›freie Abfrage‹

Rationalisierungseffekte 3.3.1
Risiken/Chancen 3.3.1, 4.1
Rundungsformeln 3.3.3e, 4.2.3d

Sachverständige 5.4.3
Schnittstellen 2.5.1, 6.2.6
Selbstaufschreibung 1.2
Selektionen, Auswahlkriterien 3.1.3
Software 2.14
Stammdaten 2.2.1
Stechuhren, Stempeluhren 1.2
Stempelkarten 1.2

Tagesplan 2.2.2, A4205
Tankdatenerfassungssystem 5.1
Telefondatenerfassungssystem 5.1

Urlaubsplanung 3.3.4b

Verhaltenskontrolle 1.3.3b, 3.3.2
Vernetzung, Verknüpfung 1.5.1, A4207
Volkszählungsurteil 5.4.1

Wirtschaftlichkeitsrechnung 1.3.3a, A4401, A4103, 5.3
Wochenplan 2.2.2, A4204

Zeiterfassungsgerät bzw. -terminal 2.1.1, 6.2.3 c
Zeithoheit 1.2, 3.3.3, 4.2.3
Zeitkonten: siehe Arbeitszeit Konten
Zentraleinheit 2.1.1, 6.2.3a
Zugangskontrolle 1.3.3, 2.5.5, A4211
Zugriffsschutz 4.2.5b, A4406
Zweck von AZEV-Systemen 6.2.1, F4112